MINIMALISMO DIGITAL

Una Guía para Simplificar tu Vida Digital y Vivir
con Menos Estrés

IAGO SERNA

Índice

Introducción

Este libro es una gran lista de sugerencias que le ayudarán a barrer las telarañas electrónicas y a acabar con esas estruendosas manadas de conejitos de polvo digitales.

Proporciona un enfoque sistemático para asegurar que encuentras todos los restos de tu desorden digital. Se trata de una guía con sistemas para que consigas el minimalismo digital. Antes de reordenar mi vida digital, mi casa estaba ordenada y organizada, al igual que mi estudio.

Pero dentro de mi portátil, mi smartphone y mis espacios en la nube, ¡mi vida digital era un enorme desorden! No debería ser demasiado complicado organizar unos cuantos archivos, un puñado de correos electrónicos y algunas fotos, pensé, pero pronto descubrí que mi vida digital era mucho más que eso.

Trabajé con los métodos más populares para ordenar y reordenar mi casa. Luego seguí con un programa de mantenimiento diario para mantener mi casa organizada.

Después de mucho buscar, no pude encontrar una lista de comprobación de orden digital igual de sencilla pero completa. Las listas y los artículos que encontré se quedaban cortos en diferentes aspectos. Muchas de las listas sólo ayudaban en unas pocas áreas, y con otras, el período de tiempo recomendado para todas ellas era literalmente imposible de completar teniendo en cuenta la magnitud de mi desorden. Necesitaba una solución que fuera más allá de las listas de dos semanas o de treinta días que encontraba, a menos que pensara en abordar penosamente mi caos como un estudiante universitario con exceso de cafeína que se prepara para los exámenes finales.

Creé esta guía para mí y la he ampliado para que la utilices junto con consejos y buenos hábitos para mantener tu organización digital a largo plazo. Este volumen proporciona pasos claros que han funcionado para mí a través de la cartografía de mi vida digital, la creación de mejores hábitos, la realización constante de cada tarea y la limpieza de cada espacio de almacenamiento digital. Me siento mucho más relajada cuando abro mis dispositivos después de haber reordenado mi vida digital.

El reordenamiento o minimalismo digital no consiste en borrar todo. Se trata de ajustar el tamaño de tu vida digital. Si tienes espacio vacío en una habitación de tu casa, pero otra zona está terriblemente abarrotada, reorganizarás tu casa para que fluya lo mejor posible. Es hora de hacer lo mismo con tu vida digital.

Al completar esta guía, tu ordenador será notablemente más rápido, tu flujo de trabajo será notablemente más fluido, y tu nueva familiaridad con tus dispositivos hará más fácil resolver los problemas cuando surjan. Incluso la mayor de las grandes listas de comprobación tiene limitaciones, y la que tiene en sus manos no es una excepción.

Lo que contiene este libro es una gran lista de tareas y preguntas organizadas. Las preguntas están ahí para ayudarte a salir de tu gigantesca pila de desorden digital.

Cada uno de nosotros tiene necesidades y deseos diferentes en cuanto al trabajo, la familia y el estilo de vida, creando vidas digitales impresionantemente diferentes.

Cada día se crean nuevas tecnologías, por lo que es imposible dar pasos específicos para cada tarea en cada sistema operativo informático dentro de un solo libro. He incluido una sección de opciones para que puedas elegir cuando necesites más información para tu dispositivo específico.

Además, hay una gran cantidad de información en línea que se puede encontrar a través de unas simples búsquedas en Internet.

He organizado los capítulos de este libro para tratar sistemáticamente las distintas áreas de sus vidas que están invadidas o dominadas por el mundo digital. También te he proporcionado hábitos mensuales, semanales y diarios para que mantengas tu progreso de desalojo a largo plazo.

Organizar tu desorden digital es un proyecto a largo plazo. He incluido métodos que te ayudarán a hacer un seguimiento de tu progreso, lo que te permitirá mejorar tus hábitos de desalojo a medida que aprendas lo que funciona. Dependiendo del volumen de tu desorden digital y de los conocimientos informáticos adicionales que necesites aprender, tardarás varios meses en completarlo. Se trata de una aventura de desalojo a largo plazo, un triatlón con consejos de mantenimiento para ayudar a que se mantenga.

Comprométete a crear una vida digitalmente ordenada.

Tu propósito marcará una gran diferencia a la hora de lograr el minimalismo digital. Al tomar esta resolución, te prometes a ti mismo un período razonable, saludable y prolongado para completar todas las tareas necesarias para producir una vida ordenada.

Así que elige a uno o dos amigos y acepta el reto. La misión de barrer las bolas de polvo digitales se completa mejor con grandes compañeros a tu lado.

El desorden que tienes ahora mismo

FRUSTRACIÓN. Enfado. Estrés. Desorden abrumador. Buscar un archivo es como buscar esa camisa que sabes que has lavado. ¿Está todavía en la secadora? ¿La dejaste en la pila del sofá para doblarla? ¿Está en la tabla de planchar para ser planchada? Espera, ¿has metido esa carga en la secadora? ¿O simplemente se perdió entre la lavadora y el armario?

Aunque en realidad no estás tropezando con tu vida digital como lo haces con la ropa sucia, a menudo es la misma sensación. Es como una enorme pila que absorbe tu capacidad intelectual, tu tiempo y tu dinero. Cuando intentas ocuparte de ello, acabas buscando frenéticamente todo lo que tienes escondido en tus ordenadores, la nube, las tarjetas SD, los USB y los discos duros externos.

En un esfuerzo de última hora, empiezas a borrar locamente fotos, vídeos y documentos, esperando no estar borrando nada importante, todo para poder encontrar espacio para hacer unas cuantas fotos más o grabar un minuto más de vídeo. Tu alocada labor de desalojo bajo presión no te ayuda realmente a gestionar tus grandes y desordenadas pilas de basura digital.

Pierdes tiempo en flujos de trabajo deficientes y en la búsqueda de archivos. Te preguntas en qué cuenta has guardado ese proyecto. ¿Cuánto tiempo has perdido en tu vida buscando archivos perdidos? Sabes que están ahí, en algún lugar, colgados en el ciberespacio. Sabes que lo guardaste en alguna parte. Si sólo pudieras recordar dónde está o si lo has etiquetado correctamente. ¿No sería estupendo que tuvieras un sistema para guardar tus archivos y encontrarlos fácilmente la próxima vez que los busques?

Recibes incesantes recordatorios de las empresas de que tu almacenamiento se está agotando, lo que aumenta tus distracciones a lo largo del día. ¿Sus libros le envían mensajes de que están desordenando el salón? Por supuesto que no. ¿Los Legos desparramados en el comedor te dicen que están fuera de lugar?

No exactamente, pero sí lo sabemos cuando los pisamos, tropezamos con los distintos trozos y nos tropezamos con los dedos de los pies. ¿Hay alguien que te envíe mensajes diarios recordándote que hay que doblar y guardar la ropa? Oh, espera, ¡tu nueva secadora hace eso!

Las empresas de almacenamiento de datos saben que no puedes ver tu desorden, por lo que necesitan enviarte repetidamente mensajes para que limpies tu aglomeración de datos. Piensa en esos montones de fotografías que llenan sus unidades de almacenamiento, junto con los viejos formularios de impuestos que has escaneado y esa enorme presentación que diste en el trabajo el otoño pasado. También es probable que haya un viejo blog abandonado. También es probable que no esté preparado para las emergencias. En caso de incendio, huracán o inundación, necesitarás que tus activos digitales estén a salvo. En este sentido, deberías hacer fotos de tus posesiones para la compañía de seguros y almacenarlas en la nube.

Además de los problemas con sus datos, es probable que haya dispositivos y cables adicionales dispersos por su casa, el coche y sus lugares de trabajo.

Probablemente tengas montones de dispositivos -viejos y nuevos- junto con todos los cables, cargadores y otros accesorios que los acompañan. Además, están los cables extra que compraste porque perdiste uno de ellos, los otros cables extra que compraste porque se quedaron atrás cuando te fuiste de vacaciones, y los cables de carga extra que has olvidado en casa y que necesitabas para los viajes de negocios. Despejar tu hardware te ayudará a ver lo que tienes para las opciones de almacenamiento externo, y los cables, cargadores y accesorios extra se destinarán a tu preparación para emergencias.

Puede llegar a ser un dolor de cabeza abrumador de niveles de migraña incluso pensar en abordar el desorden de su vida digital. Lo más probable es que te sientas abrumadoramente perdido sobre cómo lidiar con todo ello. Las opciones se te escapan y la fatiga de las decisiones se ha instalado en tu casa y está eligiendo los colores de la pintura. Necesitas tomar el mando de este desorden de forma sistemática. Un sistema de limpieza de la casa orientado a los resultados le ayuda a tomar el mando de su reino físico. Del mismo modo, ha llegado el momento de tomar el mando de tu reino digital.

· · ·

El desalojo digital es algo más que eliminar los excesos y consolidar los activos digitales.

También se trata de dimensionar correctamente tus aplicaciones, tus activos, tu almacenamiento y tus dispositivos. Quieres utilizar todas las funciones del software para obtener el máximo beneficio de tu tiempo y tu dinero.

Cuando estás estresado por tu desorden digital, se suele recomendar una desintoxicación digital, es decir, una ruptura total de tu vida digital con un descanso completo.

El único problema con los métodos habituales de desintoxicación es que cuando vuelves a encender tu vida digital, todo el desorden sigue ahí, la mayor parte del cual causó el estrés en primer lugar. Puede que hayas probado varias sesiones de desintoxicación digital pensando que te ayudaría, pero no es así porque vuelves a la misma situación que dejaste: un gran agujero negro de datos, lleno de archivos y fotos de tu vida digital de los últimos cinco, diez o incluso veinte años. Es mucho más fácil ser pasivo-agresivo con el desorden y simplemente apagar el dispositivo.

Es abrumador pensar en la cantidad de cosas digitales que han impregnado nuestras vidas. Creo que, si tuviéramos control sobre todas estas cosas, ¡no sería necesaria una desintoxicación digital! Por lo tanto, es muy importante que tus archivos y cuentas se mantengan.

El statu quo es insostenible. Según un artículo publicado en Media Psychology, una desintoxicación digital de las redes sociales podría no funcionar. Tal y como informa la página web de la Sociedad Británica de Psicología, "en uno de los pocos estudios experimentales en este campo, los investigadores han descubierto que dejar las redes sociales durante un máximo de cuatro semanas no contribuye a mejorar nuestro bienestar o calidad de vida".

Al no despojarse primero, una desintoxicación digital no es más que una huida al estilo de los avestruces que no resuelve nada. Cuando hayas completado tu desalojo digital antes de alejarte para un muy merecido descanso, volverás a un sistema organizado en lugar de una montaña entera de datos exigentes. El uso de este libro, un buen sistema de hábitos después de tu gran desorden, te hará sentir tan relajado en tu vida digital ordenada como en tu casa limpia, y tu próxima desintoxicación digital tendrá una alta probabilidad de ser exitosa.

En tu camino hacia el minimalismo, es probable que hayas tomado medidas con respecto al desorden de tu casa. Los montones de libros de la esquina se han eliminado y se han colo-cado en las estanterías. Tu ropa está bien colgada y tienes espacio para respirar.

Tu cocina está ahora dispuesta para un flujo de trabajo que permita a todo el mundo salir sin problemas por la puerta cada mañana.

Si has leído el libro de Marie Kondo "La magia de ordenar" y has aplicado sus principios a tu desorden, es probable que tus ojos se hayan abierto a una increíble ligereza que resulta relajante y libre de estrés.

. . .

Siguiendo estos principios minimalistas, dices "no" a muchas cosas que ves en las tiendas. Después de haber dedicado mucho tiempo y energía a eliminar el desorden, no quieres que se vuelva a acumular. Has tenido la euforia de encontrar trozos aquí y allá que realmente no necesitas y que puedes pasar al siguiente propietario.

Por fin ha habido suficiente espacio en tu casa para poner en marcha un sistema de limpieza de la misma. ¡Qué cambio! En lugar de tomarte un día entero de exasperación para terminar de hacer la limpieza de la casa, puedes tomarte tranquilamente unos minutos cada día, y la casa realmente mantiene su brillo, lista para recibir invitados en cuestión de minutos.

Del mismo modo, el minimalismo digital y el desalojo pueden hacer que su vida digital sea mucho más relajante. Ser capaz de encontrar esos activos digitales importantes casi inmediatamente aumentará en gran medida su productividad y reducirá su estrés. Utilice esta publicación como guía en este viaje mientras marca cada paso y toma el control de su vida digital.

2

¡Es demasiado!

ESTÁS ESTRESADO. El jefe te pide que actualices el proyecto, tu hijo pequeño está demasiado enfermo para ir al colegio hoy y acabas de derramar café sobre tu portátil. Para cuando limpias el café derramado, el portátil está muerto. ¿Qué pasa con los datos que había en él? Tu mente se apresura a recordar la última vez que hiciste una copia de seguridad de los archivos. Te devanas los sesos, esperando que las actualizaciones del proyecto que exige tu jefe estén a salvo. Claro, hoy en día muchos de los programas hacen copias de seguridad automáticamente en la nube, pero algunos días hay fallos, y hoy es ese día.

Siempre hay documentos o fotografías perdidas que llegan a nuestro ordenador y se quedan ahí. Piensas que llegarás a ellos mañana o cuando las cosas se calmen en el trabajo, pero ese día nunca llega.

Esos archivos, sobre todo los que hacen copias de seguridad automáticas, se van acumulando y el desalojo nunca llega.

· · ·

A tus dispositivos les puede pasar cualquier cosa. Podría perderse en una estación de tren. Te lo pueden robar en la cafetería en la que a veces trabajas. Podría corromperse por algún virus o malware. ¿Estás preparado para hacer frente a estas situaciones?

¿Has perdido plazos importantes debido a tu desorganización? ¿Hay veces que no encuentras las fotografías que necesitas para completar la solicitud o la imagen de portada que necesitas para tu próxima propuesta a un cliente? ¿La hoja de cálculo que has pasado horas creando se ha perdido, enviada accidentalmente a una nube diferente a la que habías planeado, o la has guardado accidentalmente en una de las unidades de tu ordenador, lo que significa que nunca salió de él, mientras la buscabas en tus USBs?

¿Tiene demasiados archivos similares, lo que le hace preguntarse qué archivo tiene la última versión aprobada de los planos de construcción que necesita? ¿Dónde están las citas para su propuesta de ingeniería? ¿Ha llegado tu jefe al final de su paciencia con tu desorganización?

¿Está a punto de perder su trabajo por la pérdida de datos? ¿Un cliente importante de tu empresa está a punto de marcharse? ¿Su desorden se traslada a su contabilidad, lo que provoca el impago de facturas? Estás perdiendo mucho más que datos. Está perdiendo dinero.

Tu viejo portátil ha tenido que lidiar con la tensión de estar enterrado bajo todo este desorden, lo que probablemente sea la razón de la lentitud de tu ordenador. Cuando empiezas a pensar en todos tus archivos aleatorios, tienes razones para sentirte terriblemente abrumado.

· · ·

Tu ordenador se está ahogando en el desorden de todo tipo imaginable. Está sintiendo la tensión de todos esos archivos tan seguramente como tú. Aligera su carga moviendo los archivos a discos duros externos, USBs o a la nube. Probablemente funcionará mucho más rápido una vez que lo hagas.

Todo puede pasar, ¡y es rápido cuando pasa! Hazte con el sistema y los hábitos del minimalismo para asegurarte de que estás preparado para lo peor.

3

Diagramando tu vida digital

UNA DE LAS mejores maneras de ver mi vida digital completa fue crear una lista de vida digital. Esta lista, o gráfico, será tu guía a través del proceso de desalojo digital. Te ayudaré a encontrar todo tu orden digital y luego te daré ideas para ayudarte a barajarlo y hacer el mejor uso de tu espacio digital. Todo es como un complicado juego de Tetris.

Has dejado caer migas de pan digitales por todo el mundo virtual, y ahora es el momento de seguirlas recopilando todos tus espacios digitales. Empieza por crear una lista o un mapa de tus aventuras digitales hasta ahora.

[ ] Comprueba cada una de tus opciones de almacenamiento en la nube, cuántos GB están disponibles para su uso y cuánto estás utilizando. Abre una nota digital y haz una rápida lluvia de ideas de todas las cuentas digitales que tienes. También puedes utilizar un papel normal y un bolígrafo para esta tarea. No te acordarás de todas en la primera vez, y no pasa nada. Se trata de empezar, y

a medida que vayas recogiendo todas esas viejas migas de pan, recordarás otros caminos que has visitado.

Utilizarás tu lista para hacer un seguimiento de tu progreso y marcar tus victorias.

[ ] Comprueba cada disco duro externo, USB y tarjeta SD para ver la capacidad de los datos y la cantidad de datos aún disponibles.

Separe sus dispositivos empresariales de los personales. Marca o coloca las cuentas en orden de prioridad para tu estilo de vida. Esto le servirá para seguir su progreso y marcar sus victorias.

Contabilizar tu hardware en tu lista será una buena manera de escribir un buen esquema o crear un buen mapa mental a través de las cargas de tu vida digital.

Haz un inventario completo de tus dispositivos; también necesitarás saber la capacidad de memoria de tus dispositivos físicos. Tu hardware es el hueso de tu vida digital.

No te olvides de la cantidad y calidad de tu hardware cuando elabores tu lista de vida digital. Cada pieza ayuda a hacer posible tus aventuras digitales y será un activo o un pasivo en tu búsqueda de desalojo.

· · ·

Recuerda que tu Apple TV, tu Roku Box o tu PlayStation son piezas de hardware que forman parte de tu vida digital y deben ser mantenidas y contabilizadas adecuadamente.

Tu lista de ideas crecerá inicialmente a medida que avanzas en tu vida digital. Se reducirá y cambiará de tamaño en varias áreas a medida que vayas ordenando y reorganizando en el camino. Crea una lista minimalista en blanco y negro en una hoja de cálculo (no hace falta que sea elegante) y anota qué dispositivo tiene programas que necesitas despojar.

Evaluar el valor de tener varias cuentas y consolidar los activos digitales dará una mejor visión de lo que debe reasignarse o eliminarse.

Te dará la confianza necesaria para eliminar directamente el detritus que has acumulado durante los últimos años, ¡o incluso las últimas décadas! Los números de tu lista de vida digital son tus estadísticas de partida.

Toda búsqueda necesita un mapa. Los mapas mentales son otra forma de tomar notas. La doctora Hazel Wagner afirma en su charla TED que los mapas mentales son una forma libre de tomar notas sobre lo que recuerdas. Es poco más que palabras clave, frases cortas y un esquema, pero sobre todo se trata de las conexiones que tenemos dentro de nuestro propio cerebro de una descripción a otra.

Funciona más bien como la mente y nos ayuda a recordar a través del movimiento, lo que se conoce como memoria kinestésica. Suele crearse en una hoja de papel para que podamos leer las palabras y frases clave que hemos escrito. Empezamos con el tema o el objetivo. A partir de este tema escrito en el centro de la página, se añaden nuestras notas saliendo de forma radial.

Tal vez prefieras crear una lista diseñada con un mapa mental.

Has ignorado las migas de pan a lo largo del camino y necesitas coger tus rotuladores de colores y hacer un divertido mapa mental mientras recuerdas a dónde te han llevado todas tus aventuras cibernéticas. Enumera tus sistemas en un gráfico y haz un mapa como si fuera un mapa de búsqueda de fantasía. Utiliza tus divertidos bolígrafos metálicos con tinta de un color y purpurina de un color de acento brillante. Crea una combinación de ambos; crea una lista que funcione para ti.

Tu vida digital, en forma de lista o mapa mental, será tu guía para tu búsqueda de orden. Son muchos los caminos que has tomado y las cuentas que has creado, y eso pondrá a prueba tu memoria. No pasa nada; te tropezarás con algunos de tus caminos menos transitados y los añadirás a la lista a medida que avanzas en tu viaje hacia el orden.

Recordarás cuentas que abandonaste porque de repente cambiaron sus características para peor o alteraron sus condiciones de servicio, dejando allí algunos activos digitales que realmente deberías recoger antes de cancelar la cuenta.

Sea cual sea la forma que elijas para elaborar tu lista de vida digital, empieza con la siguiente serie de indicaciones y preguntas.

. . .

Para cada cuenta de correo electrónico que tengas:

[ ] Anota cuántos datos en GB tienes asignados.

[ ] Anota cuántos correos electrónicos tienes en cada cuenta.

[ ] Anote cuántos datos está utilizando actualmente en cada cuenta y cuántos datos le quedan.

[ ] Marque su coste. ¿Es gratuito? Si paga por ella, ¿cuáles son los niveles de precios? [ ] Separe las cuentas personales de las empresariales.

[ ] Recuerde su cuenta de correo electrónico "desechable". Siempre que te pidan una cuenta de correo electrónico para recibir descuentos y avisos especiales de las tiendas, ésta es la que les das para que sus correos electrónicos no saturen tu cuenta de correo principal. Esta necesita una buena limpieza de vez en cuando. La buena noticia si utilizas un servicio de correo electrónico como Gmail es que tienes servicios adicionales en línea junto con el correo electrónico. Hay 15 GB de espacio de almacenamiento total, incluyendo tus correos electrónicos, para utilizar de forma gratuita. Asegúrate de incluir estos GB como almacenamiento disponible como parte de tu lista de vida digital.

[ ] Encontrar todas sus cuentas de correo electrónico - Las cuentas de correo electrónico adicionales para agregar son sus correos electrónicos de aficiones o eventos únicos, la cuenta de correo electrónico del taller de la comunidad que administra, etc. Cuando empecé a tomar nota de mis cuentas, sólo tenía cinco cuentas de correo electrónico, lo que me parecía poco. Resultó que se me escaparon un par de ellas en mi sesión inicial de orden, así que las añadí a lo largo de mi proceso.

Anota tus cuentas de fotografía y vídeo:

[ ] Anota cada cuenta en la nube que contenga tus fotos digitales.

[ ] Marca cada dispositivo físico en el que guardas tus imágenes y vídeos, como tu smartphone, discos duros externos, tarjetas SD, USBs, CDs, etc.

[ ] Marque el espacio de datos total disponible en cada uno de ellos.

[ ] Incluya la cantidad de datos utilizados. Esto te ayudará a determinar dónde equilibrarlos. Toma decisiones conscientes sobre su ubicación y almacenamiento a largo plazo.

Consejo PRO: He creado una nota de índice en Google Keep para cada una de mis cuentas de Gmail. Así puedo ver fácilmente el inventario de activos digitales que almaceno en cada una.

¿Cómo de GRANDE es tu vida digital?

Si estás leyendo este libro, probablemente sea un monstruo como lo era la mía. Piensa más allá de lo habitual, como los correos electrónicos, las fotos y tu escritorio.

Todas las cosas para las que has necesitado un inicio de sesión forman parte de tu vida digital: desde pedir un par de zapatos hasta una antigua cuenta de LiveJournal, desde el chip de tu mascota hasta la presentación de tus impuestos.

El tamaño de tu vida digital es probablemente mucho mayor de lo que sospechas. Puede que pienses que tienes entre 30 y 40 cuentas, pero en realidad es probable que tengas más de 100.

Al acumular su lista o mapa de la vida digital, al principio pensará que tiene todo en la lista, pero sepa que probablemente recordará dos, tres, cinco o incluso diez cuentas más que ha recopilado. A pesar de tener todas esas cuentas, es probable que haya que tener en cuenta esa cuenta de correo electrónico más, como esa cuenta de entrenamiento de Garmin o esa cuenta de partituras digitales.

Tu lista crecerá inicialmente a medida que encuentres estas cuentas adicionales.

No te preocupes... empezará a reducirse y a ser más manejable a medida que vayas ordenando, reorganizando y redimensionando tu vida digital.

He proporcionado una breve lista con ejemplos para ayudarte. Las cuentas más pequeñas y antiguas serán las más fáciles de tomar decisiones rápidas y ejecutivas con respecto a.

[ ] Banca, Contabilidad, Finanzas, Impuestos
[ ] Libros - Creación de
[ ] Libros - Consumo de
[ ] Negocios
[ ] Entretenimiento - Creación de; YouTube, Twitch, Patreon
[ ] Entretenimiento - Consumo de; Netflix, Deportes
[ ] Fe
[ ] Fitness y Salud - Garmin, Fitbit
[ ] Comida y bebida
[ ] Juegos - Animal Crossing, Candy Crush
[ ] Estilo de vida/pasatiempos
[ ] Revistas y periódicos; Feedly
[ ] Medicina
[ ] Aplicaciones de mensajería - LINE, WhatsApp
[ ] Música - Creación de
[ ] Música - Consumo de
[ ] Aplicaciones para tomar notas - Evernote, OneNote
[ ] Fotografía - Photoshop, Light Meter App
[ ] Referencia - Aplicaciones de idiomas
[ ] Compras
[ ] Redes sociales - ¿Tiene más de una cuenta de Twitter o

Instagram? ¿Y las cuentas más antiguas y abandonadas, como una antigua cuenta de Tumblr?

[ ] Viajes y navegación
[ ] Utilidades
[ ] Vídeo
[ ] Tiempo
[ ] Sitio web - Blog, WordPress, Squarespace

Recuerda que te ha costado años, incluso décadas, acumular la vida digital que tienes. Se necesita tiempo para frenar la acumulación y luego invertir su curso. Sé paciente contigo mismo; el uso de muchos pasos pequeños -lentos y constantes- te permitirá abordar este enorme proyecto y ganar el control de tu desorden digital.

Consultar esta lista te servirá para ver tus progresos. Es probable que el esfuerzo sea ascendente y descendente a lo largo de tu viaje. Se trata de un maratón, no de un sprint, con días de descanso y cuestas difíciles de subir, pero en general estarás progresando. Los buenos hábitos tardan tiempo en mantenerse. Los números de tu vida digital son las estadísticas de la línea de salida, que pueden utilizarse para seguir tu progreso y celebrar tus victorias sobre el desorden digital.

4

Los esfuerzos iniciales

Ponga los pies en la línea; aquí es donde comienza su viaje de orden.

Has recopilado tu lista de la vida digital en el capítulo 3, pero ahora, ¿qué haces con esta lista? Esta es la lista de los desórdenes digitales en la que tienes que tomar el mando. Volverás a esta lista una y otra vez y lo harás en oleadas. Has marcado los números para poder seguir tu progreso. Marca el total de MBs de carpetas y la cantidad total de GBs y TBs de espacio de datos que alquilas o posees.

Piensa en tus activos digitales como si estuvieran actualmente en unidades de almacenamiento ordenadas.

Alquilas o posees un montón de unidades de almacenamiento: pequeñas, grandes y en varios lugares de tu ciudad, de tu país o incluso del mundo. Normalmente alquilas tus unidades de espacio en la nube y eres dueño de tus dispositivos, USBs, discos duros externos, etc. La mayoría de tus activos digitales están distribuidos de forma desigual, con una unidad de almacén grande casi vacía con pocos elementos mientras que una unidad pequeña está llena a rebosar con correos electrónicos de advertencia que se envían incesantemente.

Conocer la cantidad total de almacenamiento de datos de que dispone le ayudará a redistribuir sus datos de forma eficiente.

Tienes algunos datos en la nube y otros en una tableta. Los datos almacenados sólo en su tableta son vulnerables a las emergencias personales, como un incendio, una inundación o un robo, pero los datos almacenados en la nube siguen siendo accesibles desde otros lugares después de que haya pasado la emergencia.

Sin embargo, los datos en la nube también son susceptibles de sufrir otros problemas como una violación de datos o sus propios riesgos de incendio o huracán.

Los datos guardados en la nube son literalmente su información en el ordenador de otra persona que usted está alquilando. Procure guardar sus datos donde se sienta más cómodo. Si te desvelas por la noche preocupándote por ello, puede que necesites trasladarlos a otro tipo de almacenamiento, o a varios espacios de almacenamiento. También es posible que quieras dejar de confiar en el almacenamiento gratuito... que invariablemente se convierte en una opción de pago.

Las estadísticas detalladas de dónde comenzó mi viaje de orden digital se encuentran en una hoja de cálculo en el Apéndice I.

Verás que tuve que hacerme varias preguntas. Repasemos el orden que tenía escondido en mi ordenador.

Tengo varias cuentas de correo electrónico y necesitaba enumerar cada una de ellas por separado. Me gusta que pueda marcar un gran progreso en mi lista de vida digital ordenando las cuentas con el menor número de correos electrónicos, y luego borrándolas. Así tengo menos cuentas de correo electrónico de las que ocuparme regularmente.

Correos electrónicos personales: Email #1 - 1503 Email #2 - 2802 Email #3 - 117

Correos electrónicos de negocios: Correo #4 - 14 Correo #5 - 317

Email #6 - 0 (Puede que elimine este email, aunque puede que lo mantenga como una opción de espacio en la nube porque tiene 15GB de espacio de datos disponible. Mientras tanto, es sólo una plaza de aparcamiento vacía).

¿Realmente necesito tantas cuentas de correo electrónico? Cada una sirve para algo, pero ¿es esa razón suficiente para mantenerlas? Mi vida ha cambiado desde que abrí un par de estas cuentas y quizá sea mejor cancelarlas o utilizar sus funciones de reenvío y almacenamiento.

Fotos - 4390, más una acumulación desconocida de un viejo smartphone. No hay que olvidar la acumulación de otros dispositivos. Tuve que preguntarme: "¿Realmente quiero o necesito todos estos viejos documentos y fotos?"

. . .

Si me pongo como objetivo editar o borrar 100 fotos al día, ¡eso supone un total de 36500 fotos al año! Estoy seguro de que puedo borrar a un ritmo mayor del que acumulo con sólo 4300 fotos.

Archivos de vídeo - 131.

Los archivos de vídeo consumen una gran cantidad de datos, aunque sean los vídeos cortos de menos de 30 segundos que me gusta crear. Cuando se me acaban los datos, el primer lugar donde miro es en mis vídeos.

¿Tienes fotografías y vídeos en varias cuentas como Flickr, Google Photos o Adobe Creative Cloud? Sé que tengo duplicados entre las múltiples cuentas porque cuando subo una foto para editarla y usarla en mi sitio web, me preocupa borrar la fotografía o el vídeo original. Y luego están las distintas versiones que he editado. A fin de cuentas, ¿realmente necesito todas estas versiones?

Probablemente no. Mantener el original y una versión .PSD debería ser suficiente para mis limitadas necesidades.

No se conoce ningún espacio de almacenamiento de datos ilimitado y permanentemente gratuito, así que busca el mejor valor para tus necesidades. SmugMug tiene varios niveles de almacenamiento y opciones de pago, al igual que Creative Cloud de Adobe. Incluso una opción más pequeña de 100 GB sigue siendo un MONTÓN de almacenamiento de datos. A un amigo mío le han pillado varias veces con cuentas de almacenamiento ilimitado que de repente se convierten en de pago.

Eso te dará una pequeña muestra de lo que he trabajado.

Había un montón de desorden que tenía flotando dentro de mis dispositivos, como 1 estoy seguro de que usted también.

He mirado cuánta música tenía y en qué dispositivos estaba almacenada. Además de la música que escucho, tenía partituras dispersas en varios lugares diferentes. La mayor parte estaba en la nube y otra se descargaba específicamente en un dispositivo por si no tenía conexión a Internet cuando quería practicar.

Seguir el tema de la música me llevó a descubrir otras partes de mi vida digital, como las aplicaciones de afinación, las cuentas de partituras electrónicas y la aplicación del metrónomo que acompaña a los músicos.

A medida que tomaba el control de mi vida digital, me topé con otros montones de desorden y añadí cada uno de ellos a mis estadísticas de la línea de salida. Me di cuenta de que este va a ser un largo viaje, con avances y errores, lecciones aprendidas a las malas y nuevas opciones disponibles para facilitar las cosas a medida que me abro camino.

Pon los pies en la línea y acepta el reto. Comienza tu búsqueda de una vida digital ordenada. Haz un seguimiento periódico de tu orden digital. Recompensa tus progresos. Actualiza los números de la lista de vida digital que has creado y crea columnas para cada semana o mes.

Date una estrella de oro por todos tus progresos, cada vez.

· · ·

A algunos se les da bien saber que los simples números en sí mismos van cayendo. Un sencillo gráfico de líneas o un colorido gráfico de barras puede ser la motivación que necesitas para ver tu progreso. A algunos de ustedes les gustaría ver una recompensa física, como caramelos en un cuenco.

No pasa nada por caerse del carro proverbial. La vida pasa. Volver a retomar el hábito lo antes posible es lo que le permitirá alcanzar su objetivo.

5

El inicio puede ser sobrecogedor

NADIE SE LEVANTA por la mañana decidiendo que va a hacer el mayor desastre posible. Sin embargo, aquí estamos con un desorden abrumador. Entonces, ¿por qué fracasamos? ¿Por qué postergamos algo que nos beneficiará a largo plazo? Por lo general, ¡Tienes aspiraciones tan altas de limpiar lo que tienes! Entonces, ¿cómo has llegado hasta aquí con este montón de desorden? ¿Por qué fracasamos estrepitosamente a la hora de mantener el desorden a raya?

[ ] Entra más desorden del que eres capaz de eliminar - Estar fuera de la vista también oculta lo grande que es realmente tu pila de desorden digital. Unos pocos MB por aquí, un puñado de GB por allá y, de repente, te encuentras con un Terabyte o dos.

[ ] No tienes tiempo - Pierdes mucho tiempo buscando tus archivos perdidos. Si tuvieras un buen sistema, un buen flujo de trabajo, podrías ahorrar mucho tiempo archivando adecuadamente tus activos en lugar de buscarlos. Vivimos en una época en la que los negocios se mueven cada vez más rápido, las expecta-

tivas son cada vez más altas, así que la realidad es que hay que ser aún más organizado. Pero usted siente que no hay tiempo. Entre cuestiones personales, laborales y familiares, te has quedado atrás y no has podido ponerte al día. Te sientes como si estuvieras detrás de la bola ocho.

[ ] Mis malos hábitos digitales, como dejar que las fotos de las vacaciones se queden para siempre en mi teléfono, se deben a mi mentalidad de no ver, no pensar. No tropezaba físicamente con mi desorden digital. No había un hedor especial como el que se desprende de una pila de ropa de entrenamiento, ni había estómagos ruidosos que alimentar, así que era extremadamente fácil ignorar mi desorden digital hasta que necesitaba encontrar una fotografía o un documento específico.

La mejor manera de mantenerme al tanto de lo que fácilmente se convertirá en una enorme pila de desorden es programar el tiempo para organizarlo. Si no lo pongo en mi calendario, no se hace.

Por ejemplo, las fotos de las vacaciones. Si tengo tiempo durante las vacaciones, como en un aeropuerto, puede que revise un par de fotografías, pero normalmente prefiero quedarme en el momento. El grueso de mis fotos se edita aproximadamente una semana después de las vacaciones en casa. En concreto, reservo varias horas o más, dependiendo de la cantidad de fotos y vídeos que tenga. Sabes que necesitarás un bloque de tiempo para revisar las fotografías en algún momento, ya sea ahora o en algún momento ambiguo en el futuro.

. . .

Programe el tiempo. Anótalo en tu calendario, incluso antes de salir de viaje. Programa el tiempo de edición para un momento en el que hayas descansado y el jet lag haya disminuido. Así podrás crear un divertido vídeo o un álbum de fotos para más adelante. Yo hago lo mismo justo después de terminar un gran proyecto. Programo el tiempo en mi calendario para hacer un reset. Un reinicio es el momento en el que necesito archivar o borrar los distintos documentos necesarios para futuras referencias en un proyecto. Si necesito volver, tengo un archivo organizado listo para responder a las preguntas y resolver los problemas.

[ ] Los ordenadores son confusos - ¿Organizar tus archivos está simplemente fuera de tu alcance en este momento?

¿No puede seguir el ritmo de los cambios de programa y se siente como un cavernario que prefiere la vida analógica? ¿Cómo se hace para mover todos esos archivos? Pensabas que habías borrado todas esas fotos, así que ¿por qué tu ordenador va lento? Puedo mostrarte un par de pasos para ayudar a aclarar las cosas, pero tu motor de búsqueda favorito será tu amigo.

He aprendido mucho sobre mi ordenador y mis dispositivos periféricos a través de mi proceso de orden digital, y me alegro de haberme tomado el tiempo necesario para hacerlo. Me siento más dueño de mi ordenador y otros dispositivos por haberlo hecho. Tus nuevos conocimientos añadirán valor a tu ordenador. Te abrirá capacidades que no sabías que tenías a tu disposición.

La mayor parte se trata de aprender las funciones básicas, así que ¡salta y aprende!

. . .

Consejo PRO: El desorden actual de tus activos digitales tardó años en acumularse, y te llevará tiempo desalojarlo y organizarlo. También te llevó mucho tiempo desalojar tu casa después de años de acumulación. Sé persistente.

Vuelve a retomar otro punto de tu lista. Por lo general, hay un rincón difícil en el que tienes más desorden, mientras que otra zona no te interesa en absoluto.

Vuelva siempre a las zonas más desordenadas. Tu tenaz determinación de seguir organizando merecerá el esfuerzo.

La siguiente cita de Mark Twain me parece muy motivadora: "Si tu trabajo es comerte una rana, es mejor hacerlo a primera hora de la mañana. Y si tu trabajo es comerte dos ranas, es mejor que te comas primero la más grande".

Elijo tres tareas principales que me gustaría realizar cada día para sentir que he tenido un buen día. Al menos una vez a la semana, tengo que hacer una tarea molesta que intento posponer. Pero tengo mis recompensas, y dependiendo de la cantidad de estrés que haya sentido para completar la tarea, me aseguro de recompensarme al final.

Utiliza lo que está a tu alcance y lo que te resulte más cómodo. Sí, cada solución tiene sus propios problemas, pero por eso no hay que poner todos los huevos en la misma cesta.

Seguro que tienes una copia de seguridad de los archivos en iCloud a través de tus dispositivos Apple, pero tener tus elementos más importantes también en un disco duro externo o con otro servicio en la nube (como Google Drive) te ayudará a preocuparte menos por las pérdidas.

Tu huella digital es enorme. No pasa nada si decides no reducirla. Toma decisiones conscientes sobre lo que debes conservar, mover o eliminar. A medida que seguimos ordenando, a menudo encontramos espacio para digitalizar más registros en papel o transformar las fotografías de nuestras vacaciones en un divertido vídeo. Se trata de organizar lo mejor posible tus necesidades digitales. Se trata de racionalizar su sistema para facilitar su uso y asegurarse de que está aprovechando al máximo sus activos digitales en combinación con el almacenamiento digital que tiene disponible.

No estás solo, y puedes alcanzar el minimalismo digital.

[ ] Establece tus objetivos a largo y corto plazo - Marca desde el principio cuáles son tus objetivos a largo plazo, mensuales o anuales. Como decía Stephen Covey, "empieza con el fin en mente". A continuación, marque sus objetivos mensuales y semanales para hacer realidad el objetivo anual.

Por ejemplo, digamos que tienes 7200 fotografías que ordenar. Empieza con el objetivo final de que tus fotografías estén ordenadas en seis meses, que son 180 días.

¿Podrías ordenar razonablemente 40 fotografías cada día o 280 fotografías cada semana durante los próximos seis meses? Completa las pequeñas acciones diarias y semanales y el objetivo a largo plazo se habrá cumplido.

. . .

Asegúrate de marcar tu objetivo final en tus estadísticas de inicio. Ajusta tus objetivos según sea necesario a lo largo de tu proceso de reordenación.

Hay soluciones disponibles; sólo hay que saber dónde encontrarlas. Hay una amplia gama de sistemas y soluciones disponibles para mantener su desorden digital bajo control, desde soluciones gratuitas hasta opciones muy costosas en función de las necesidades de su estilo de vida.

[ ] ¿Puede eliminar suficientes datos para reducir sus necesidades de almacenamiento y ahorrar dinero? ¿O puedes redistribuir los archivos para aprovechar al máximo lo que ya estás pagando? Ten cuidado con la cantidad que colocas en un sitio de pago mensual, como Adobe Creative Cloud.

Puedes utilizar 100 GB con su plan mensual, pero si te encuentras con una emergencia financiera y de repente no puedes pagar el espacio de almacenamiento, puedes perder todos tus datos. No te estreses; hay esperanza, y existen soluciones y sistemas para facilitarte el trabajo de ordenación. Empieza a racionalizar el proceso. ¿Tienes alguna cuenta pequeña y antigua que puedas eliminar rápidamente?

[ ] Puedes abordar cada sección en el orden que quieras. De niña me encantaban los libros de "Elige tu propia aventura". ¿Cuál será tu camino en tu búsqueda de una vida digitalmente organizada?

[ ] Empieza por buscar en los foros de Apple o Microsoft: aquí encontrarás las soluciones más inmediatas y actualizadas. A veces hay soluciones integradas que ayudan a desalojar. Hay aplica-

ciones como CleanMyMac X, que es un ejemplo de una de estas opciones para ayudar a escanear y desalojar tus archivos, además de buscar virus y malware.

[ ] Pregunta a tu buscador - Es probable que no seas la primera persona que tiene preguntas, así que es probable que encuentres varias respuestas disponibles con cada pregunta que hagas en tu buscador favorito.

A veces se necesitan un par de conjeturas para encontrar la jerga informática correcta para hacer la pregunta correcta que proporcionará una respuesta buena y viable.

[ ] YouTube - Hay varios vídeos de YouTube que han sido muy valiosos para mí. Me han abierto los ojos a muchas soluciones que desconocía. Me resultaron muy útiles cuando necesité investigar soluciones de discos externos, USBs y lectores de tarjetas.

[ ] Conéctate con tus amigos - Al menos uno de ellos ya se habrá encontrado con los mismos problemas que tú tienes con tu ordenador. Tengo reuniones mensuales y a veces semanales de trabajo y administración con amigos, y encuentro que con sólo una pregunta rápida, hay al menos una persona que tiene una solución rápida a mi problema, o bien pueden dirigirme hacia una solución que me hubiera costado encontrar por mi cuenta. Entonces puedo volver a mi trabajo y terminar con el objetivo del día. Siempre hay un amigo que ha estado donde tú estás ahora. Llámalos, envíales un mensaje de texto o un correo electrónico para que te ayuden con pequeñas cuestiones informáticas.

[ ] Crea un sistema -

. . .

Muchos de vosotros no tenéis un buen sistema para disfrutar de una vida digital organizada. Oh, lo intentan con un archivo al azar aquí y allá, pero la velocidad y la cantidad en la que acumulan información se está llevando el tiempo en el que crearían adecuadamente sistemas para ordenar sus archivos. Añadir continuamente aplicaciones aporta otra nueva dimensión a tus archivos. Y las actualizaciones… ¡oh, las repetidas actualizaciones!

Puede que no sea evidente de inmediato, pero a medida que profundices en las capacidades y opciones de tu ordenador, empezarán a surgir patrones, y entonces podrás empezar a crear un sistema que funcione para tu estilo de vida.

Consejo PRO: Estadísticas mensuales: ¡registra tu progreso! Es estupendo ver cuando progresamos hacia nuestros objetivos. La manifestación física de nuestros esfuerzos es un motivador útil, y ponerlo en una línea o gráfico de barras o simplemente ver que los números se hacen más pequeños es genial.

6

Tres grandes pasos para iniciar favorablemente tu proceso de minimalismo digital

SUMÉRGETE EN ESTOS TRES PASOS.

1. Limpia tu escritorio: Todas las mañanas, los comerciantes de Japón limpian la acera delante de sus tiendas antes de abrir. Es una tarea breve que incluye un barrido rápido y un rociado con una manguera o un cubo. Es un ritual de barrido de su espacio, un ritual de limpieza. He decidido barrer el espacio de mi estudio todas las mañanas, reclamando mi espacio para el día y apropiándome de mi entorno físico como un ritual para empezar el día 1. He añadido este pequeño ritual de barrido a mi mundo digital también.

[ ] Limpia tu pantalla -

Yo guardo el paño de pantalla en un lugar conveniente para hacerlo antes de cada uso matutino. La limpieza física de tus dispositivos es una forma de tomar el control de tu espacio físico y de tu propiedad, incluyendo tu espacio digital.

. . .

[ ] ¡Enciende! - Pulsar el botón de encendido de tu dispositivo es el comienzo de la reivindicación de tu espacio digital. Actualmente, tu ordenador es como entrar en esa habitación desordenada de tu casa o ese armario que es un vertedero de objetos que no sabemos dónde colocar.

Cada vez que abres la puerta, suspiras con angustia y acabas de cerrar la puerta después de haber tirado allí otro objeto más. El desorden te paraliza y te abruma. Lo mismo ocurre con el escritorio de tu ordenador. Una pila de documentos, fotografías, libros de instrucciones digitales, formularios de impuestos y otros restos de tu vida digital te están mirando.

¿Sueña con abrir el portátil, pulsar el botón de encendido y ver una foto de fondo de pantalla sin obstáculos de usted haciendo snowboard el invierno pasado? ¿O uno de los divertidos momentos que pasó tu familia en la barbacoa de tu cumpleaños?

¿O tu dulce y esponjosa mascota? Y lo mejor de todo es que tu ordenador suele arrancar más rápido que antes de desalojar tu escritorio.

La razón más práctica para mantener el escritorio de tu ordenador limpio y ordenado es que demasiados archivos y demasiado grandes en tu escritorio ralentizarán tu ordenador. Será lento para arrancar y será lento para cerrar.

. . .

También ralentizará tu flujo de trabajo, ya que tu archivo de trabajo actual se ahogará entre el mar de archivos de distracción de tu escritorio.

Trata tu escritorio como el andén de una estación de tren. Los archivos entran y salen de tu escritorio mientras trabajas, y luego se dirigen a sus destinos. Cuando cierres por la noche, no debería quedar ningún archivo en el andén.

Despejar nuestro escritorio te permitirá respirar más tranquilo desde el momento en que enciendas el ordenador. A partir de ahora, cada vez que enciendas nuestro ordenador, verás y sentirás la diferencia que una buena limpieza tendrá en tu bienestar.

Me tomó varias sesiones de trabajo cronometradas para despejar completamente mi escritorio, ya que había un montón de decisiones que había que hacer:

[ ] Tirarlo a la basura.

[ ] Archívalo. Si lo conservo:

[ ] Encuentre o cree un hogar para este archivo.

[ ]Programar sus sesiones de trabajo de orden - Hacer una limpieza del escritorio puede ser una tarea desalentadora y puede llevar varias sesiones de trabajo programadas para completarla. Es un buen momento para iniciar un hábito regular de ordenación de la acumulación del día. Tomar el control del espacio de tu escritorio te mostrará el control que tienes sobre tu vida digital.

[ ] Separe los archivos de trabajo de los personales.

[ ]Separe sus archivos como los organizaría en su sistema de archivo de la vida real, por ejemplo, por tema, fecha o por la persona que aparece en las fotografías.

[ ] Elimine los duplicados.

[ ] ¡Premios! - Cuando hayas terminado de eliminar todos los

archivos de tu escritorio, prémiate con un nuevo fondo de panta-lla. Crea un lugar de descanso para tus ojos, como una escena de playa, una foto familiar o un jardín zen. Tu ordenador de trabajo podría mostrar los objetivos del proyecto o una frase motivadora como una buena forma de arrancar el día.

[ ]Acción extra: selecciona las aplicaciones de tu dock. Mejora tu flujo de trabajo moviendo las aplicaciones que utilizas a menudo al dock o a la barra de tareas y eliminando las que no utilizas casi nunca. En la sección de preferencias del sistema de tu ordenador, puedes elegir varias opciones para mejorar tu experiencia en el escritorio.

2. Vacía tu carpeta de descargas:

¿Carpeta de descargas? ¿Qué carpeta de descargas? Sí, lamenta-blemente, la mía. Se supone que es una única carpeta donde terminan todos los elementos que has descargado en tu ordena-dor. En realidad, para mí, es ese camino sin salida en el bosque donde todo el mundo hace sus vertidos ilegales, un montón de basura muy desafortunado y aterrador. Se convierte en un montón de archivos de distinto tipo mezclados en una sola carpeta. Varios años de descargas se acumularon antes de que entendiera cómo funcionaba el sistema con respecto a las descargas.

La acumulación sumó fácilmente una gran cantidad de espacio de datos valiosos. El orden, colocando algunos elementos en los archivos correctos, y la eliminación de muchos archivos, ha libe-rado varios GB de espacio digital mejor utilizado en otros lugares.

. . .

La mayoría de las fotografías y los vídeos ya se habían colocado en otros archivos.

Algunos se habían borrado hace tiempo y no me di cuenta de que todavía había una copia en la carpeta de descargas. Lo mismo ocurría con muchos de los documentos; ya tenía el archivo en otra ubicación, y la programación del ordenador optó por mantener un archivo original en las descargas.

¿Realmente necesitaba ya las instrucciones de la loca llave hexagonal plegable para bicicletas? No. ¡Borrar! Enterrado en mi carpeta de descargas, incluso encontré un archivo PDF "sobre descargas".

Tuve que investigar un poco para saber qué estaba viendo. ¿Qué son los archivos .dmg, .exe y .pkg? ¿El instalador de Adobe Flash Player? ¿ZoomusInstaller.pkg? ¿Firefox.dmg? ¿Garmin.exe? ¿Está bien que los borres?

La conclusión es que depende. Lo más probable es que sí. Sin embargo, si alguna vez necesitas o quieres reinstalar ese programa por cualquier motivo, necesitarás ese archivo de nuevo. La mayoría de las aplicaciones se pueden recargar completamente desde Internet sin problemas, pero para algunos programas más antiguos, eso puede no ser posible. Si no estás seguro, colocarlas en una ubicación de archivo preferida para su uso posterior si es necesario puede ser la mejor opción para ti.

[ ] Cree su propia carpeta "Por si acaso" - Los archivos que coloca en esta carpeta son los que no se siente cómodo borrando todavía. La mía tiene algunos archivos diversos. Todavía no estoy seguro de lo que son; no ocupan mucho espacio de datos, y tengo demasiado miedo de necesitarlos más adelante. Quizá borre estas misteriosas descargas en la próxima oleada.

. . .

3. Actualiza tu configuración de sueño:

Esto puede parecer una forma extraña de desalojar digitalmente la vida de uno, pero dormir bien es vital.

Hace que los desafíos del día sean un poco más fáciles de manejar
y un poco menos estresante encontrar esos cinco minutos extra
para borrar algunos correos electrónicos más.

El insomnio afecta aproximadamente a un tercio de las personas
en Estados Unidos. Necesitamos dormir bien, ya que es vital para
nuestro funcionamiento ejecutivo y nuestra capacidad de pensar
con claridad y tomar buenas decisiones. Las causas del insomnio
son muchas, y nuestros teléfonos inteligentes añaden una razón
más para nuestra falta de sueño adecuado. Según la Fundación
del Sueño, el sueño alimenta la creatividad, sintetiza nuevas ideas
y nos lleva a momentos "¡Eureka!".

Las investigaciones demuestran que necesitamos dormir bien
para alimentar nuestro pensamiento innovador de alto nivel y
nuestra capacidad para resolver problemas."

Cada día que te vas a la cama y tienes problemas para dormir,
pasas demasiado tiempo deslizándote por las redes sociales o te
despiertan las notificaciones del móvil.

El simple hecho de tener que consultar la hora en tu smartphone
te lleva a distraer el sueño.

. . .

Hoy, antes de meterte en la cama, agotado, hay varias medidas que puedes tomar para que tu vida digital favorezca un mejor sueño.

[ ] Establece "No molestar" - Descubre qué opciones de "No molestar" de tu smartphone te ayudarán a bloquear tu tiempo de sueño. Programe la configuración de "No molestar" para su hora de sueño o siesta preferida con la opción "Permitir llamadas telefónicas de..." para ayudarle a descansar con tranquilidad de modo que siga estando disponible para una emergencia.

[ ] Reduzca el brillo de la pantalla: las funciones para dormir con una pantalla de bloqueo más tenue le permitirán ver la hora, pero sin que la luz brillante le despierte.

[ ] Configura la pantalla de tu smartphone en modo nocturno, que reduce la cantidad de luz azul emitida, para dormirte más rápido. l Soy un lector voraz y siempre me he dormido leyendo un libro desde que aprendí a leer. Cualquier otra opción de modo oscuro en tus aplicaciones de eReader también funcionará, como un fondo negro con letras blancas. Esto también te permitirá ahorrar batería.

[ ] ¿Te gusta que alguien te lea un libro? Prueba con Audible o con los clásicos gratuitos de código abierto. Desde Jane Austen hasta Edgar Allen Poe, hay un montón de grandes clásicos disponibles. Bueno, quizá un escritor de terror como Poe no sea la mejor opción justo antes de dormir.

[ ] Sonidos para conciliar el sueño - ¿Le gustaría dormirse con el sonido relajante de las cálidas olas del océano tropical? ¿O qué le parece el ruido blanco? Hay una gran cantidad de aplicaciones e información sobre la ASMR para ayudarle a conciliar el sueño. La Respuesta Sensorial Meridiana Autónoma, o ASMR, según la Fundación del Sueño, se describe como "...una sensación de

hormigueo eufórico y relajación que puede sobrevenir a alguien cuando ve ciertos vídeos o escucha ciertos sonidos".

Las sensaciones resultantes pueden provocar la relajación, ayudando a conciliar el sueño más fácilmente. A menudo se trata de bandas sonoras de entornos sencillos y confortables, como una biblioteca, la lluvia o la brisa entre las hojas de verano.

[ ] Despertador digital independiente - ¿Debería obtener un despertador independiente para cuando necesite comprobar la hora en mitad de la noche? El simple hecho de coger el teléfono inteligente le hará echar un vistazo rápido a sus redes sociales o a las últimas noticias, o comprobar los mercados de Londres. ¿Necesitas ir un paso más allá y mantener el teléfono fuera del dormitorio?

[ ] Poner el temporizador para dormir en el televisor - ¿Te gusta dormirte con la televisión encendida para que te despierte más tarde por la noche? Pon un temporizador en tu televisor, ya sea dentro de sus propias funciones o con un temporizador conectado a su enchufe.

[ ] Aplicaciones para el ciclo del sueño - Lo que aprendas de estas aplicaciones podría ayudarte a dormir, o podrían ser simplemente para divertirte y aprender más sobre ti mismo. Las apps para dormir están todavía en sus primeras etapas y no siempre son muy precisas. Quédate con la que sí te ayude y elimina el resto. Quédate sólo con la que te funcione.

[ ] ¡Despierta! - Programa tu alarma para cada día de la semana a la hora óptima. Elige el sonido con el que quieres despertarte.

¿Has podido utilizar la información de la aplicación del ciclo del sueño para conseguir un sueño más reparador?

. . .

Hay bastantes estudios que demuestran los beneficios de despertarse sin alarma. Si te acuestas sistemáticamente a una hora razonable, verás que te despiertas solo y te sientes mucho más descansado. Una vez que su cuerpo se acostumbra a despertarse a la misma hora todos los días, hay poca necesidad de una alarma.

Al completar estos tres GRANDES elementos para iniciar su viaje de orden, es probable que su ordenador funcione un poco más rápido, tenga un poco más de espacio de datos disponible y esté en camino de una sesión de orden más relajante.

7

Conoce tus Preferencias del Sistema

Tus Preferencias del Sistema, también conocidas como la aplicación de Configuración, es el cerebro de tu dispositivo detrás de la cortina. En las preferencias del sistema es donde vas a mejorar tu experiencia digital con tu ordenador. Hay muchas cosas que puedes controlar en esta sección, desde las opciones de accesibilidad hasta la conexión de tu impresora a la nube o los usuarios a los que darás permiso para usar tu ordenador.

Mi viaje de orden digital me ha ayudado a conocer muchas de las características y beneficios de mis dispositivos que no tenía ni idea de que estaban disponibles. Las lecciones que he aprendido han hecho que mis dispositivos sean más valiosos.

[ ] Actualiza el software - Antes de pasar y cambiar tus preferencias, comprueba si hay actualizaciones de software. No soy de los que se adelantan a las nuevas actualizaciones. Suelo esperar un par de días hasta que se solucionan los errores. Entonces descargo la actualización y disfruto de las nuevas funciones en mis dispositivos.

· · ·

Cada vez que me traigo a casa un ordenador nuevo y reluciente, me pongo a descargar mis programas preferidos y a visitar mis sitios web favoritos. He investigado la memoria RAM, la claridad de la pantalla, la tarjeta gráfica y los accesorios que necesito, como el último widget a la moda, así que doy por hecho que conozco mi ordenador.

Mi actual portátil de ocho años estuvo en mi poder durante casi tres años antes de que decidiera revisar sus preferencias de sistema sección por sección. Aprendí tanto sobre esta increíble pieza de maquinaria y sus capacidades que volví a sentirla brillante y nueva. Las actualizaciones de software a lo largo de los años hacen que sea importante revisar la configuración de los sistemas para sacar el máximo partido a tu dinero.

[ ] Ordene sus sistemas - Esta es probablemente la parte más fácil de todo el proceso de orden.

Las respuestas suelen ser simples opciones de encendido/apagado, opciones múltiples limitadas u opciones deslizantes. Está organizado de tal manera que hace innecesaria una lista de control. Haz clic en cada archivo, uno por uno, a lo largo de las filas, lee las opciones a medida que avanzas y elige lo que el ordenador dice que son tus opciones. Podrás ver si quieres hacer algún cambio.

Desde mi compra original y muchas actualizaciones de software después, ahora puedo disfrutar del modo oscuro en mi portátil y del modo nocturno en mi teléfono. ¿Y ese problema tan molesto que tenía con la desaparición de las barras de desplazamiento? Ya no existe. Una marca en la casilla correcta de un archivo de sistemas y mi experiencia digital volvió a ser fluida y cómoda.

[ ] Gestiona tus notificaciones - El impacto más inmediato y diario que puedes hacer es gestionar tus notificaciones. Decide de quién quieres tener noticias con regularidad y quién no debe reclamar más tu atención.

Otras áreas en las que he hecho cambios de configuración son los teclados de múltiples idiomas, los ajustes de accesibilidad y la eliminación de algunas cookies.

Has limpiado los archivos que abarrotaban tu escritorio en el capítulo 6...

¿Estás contento con la nueva imagen de fondo de pantalla que elegiste para establecer el estado de ánimo que quieres cuando enciendes tu ordenador cada día?

La mayoría de las opciones presentadas no necesitan ninguna acción. Algunas funciones no las he utilizado nunca y no tienen cabida en mi vida. Pero si hay, aunque sea una opción que haga más fluida tu experiencia digital, merecerá la pena el esfuerzo.

Consejo PRO: Ten a mano varios navegadores que funcionen. No todos los programas funcionan bien con todos los navegadores, y cambiar cómodamente entre Safari, Firefox y Chrome es importante. Mantén tus navegadores preferidos listos para usar y el software actualizado, especialmente los complementos de Chrome.

8

Unidades de almacenamiento digital - dimensiona bien tus opciones

HAY tres formas diferentes de almacenar tus activos digitales:

[ ] Servicios en la nube

[ ] Almacenamiento en dispositivos

[ ] Almacenamiento externo (tarjetas SD, discos duros externos, USBs, CDs, etc.)

¿Cuánto almacenamiento digital posee ya o tiene acceso a él? ¿Cuánto almacenamiento digital necesitas? Comprueba tu lista de vida digital; deberías tener la mayor parte de la respuesta ya recopilada. Cada una de estas opciones de almacenamiento puede ayudarte a equilibrar la carga de trabajo en un área si se traslada a otra. Sigue con tu inventario de cada una de tus opciones de almacenamiento y ve dónde necesitas tener más almacenamiento. En algunos casos, puedes cancelar ese pequeño cargo mensual por el almacenamiento extra que compraste en un momento de pánico.

En referencia a su lista de vida digital, ahora podrá gestionar sus opciones de almacenamiento y cuánto más (o menos) necesita. Has revisado todas tus fotos y has determinado cuánto almacenamiento tienes y aproximadamente cuánto vas a necesitar.

. . .

Este es también un buen momento para evaluar cuánto más necesitas y dedicar tiempo a investigar las mejores opciones, ya que ahora puedes ver claramente qué necesitas almacenar exactamente, durante cuánto tiempo y cómo necesitarás acceder a ello. ¿Es compatible con los sistemas informáticos de tu casa? ¿Encaja con el flujo de trabajo que tienes en tu negocio?

Asigna cuentas en la nube o discos duros a dispositivos o proyectos específicos y especifica su finalidad. ¿Puede realizar ajustes que le permitan ahorrar dinero?

Comprueba los precios de las distintas opciones de almacenamiento en disco duro y en la nube cuando tomes decisiones sobre la reorganización de tus opciones de almacenamiento y datos. ¿Es una mejor opción un disco duro externo a través de una compra única en lugar de comprar almacenamiento en la nube a perpetuidad?

Al comparar el almacenamiento en la nube frente a sus dispositivos frente al almacenamiento externo, tenga en cuenta que las opciones de copia de seguridad de datos varían, y que cada opción tiene pros y contras.

Almacenamiento en la nube: Esta parece la opción más conveniente, y no es muy cara a menos que necesites mucho almacenamiento. Es mi opción minimalista favorita, siempre y cuando no haya cables y hardware por ahí... y no los hay, ¿verdad? Pero la realidad es que simplemente estás almacenando tus datos en el ordenador de otra persona. Su comodidad es inigualable para acceder a casi cualquier lugar del mundo en el que tengas una conexión a Internet.

. . .

[ ] ¿Cuánto almacenamiento tienes en tus distintas opciones de almacenamiento en la nube de Google, Dropbox, iCloud, etc.? ¿Qué archivos se pueden barajar en este momento para no ver "Su almacenamiento en la nube está casi vacío" varias veces al día?

Tenía un vídeo enorme en la aplicación iMovie de mi iPad, y estaba limitando seriamente mi capacidad de trabajar en la creación de otros vídeos. A menudo llego al límite de mis datos de iCloud, pero tengo muchos datos de sobra en otras cuentas.

Al elegir no aumentar mi almacenamiento en iCloud -en otras palabras, al elegir no pagar por más almacenamiento en la nube cuando ya tengo mucho en otra área- moví ese gran archivo de vídeo, los molestos mensajes han cesado, el dolor de cabeza ha desaparecido y ahora tengo 7 GB de espacio de datos adicional disponible.

Gmail proporciona 15 GB de almacenamiento en la nube por correo electrónico, junto con programas adicionales de Google en línea, y de alguna manera a lo largo de los años he acumulado varias direcciones de Gmail para manejar diferentes áreas de mi vida, desde la personal hasta la familiar y la empresarial.

Adobe Creative Cloud proporciona 100 GB para los suscriptores, lo que parece mucho, pero cuando trabajas en vídeos digitales, ¡esos GB se consumen rápidamente!

Crear divertidos vídeos de vacaciones familiares en Adobe es una gran idea si te sientes cómodo con el software, pero el almacenamiento a largo plazo es mejor en un disco duro externo. Además, si trabajas regularmente en el entorno de Adobe, necesitarás ese espacio para los proyectos actuales.

Algunos de ustedes tienen conflictos diarios con el almacenamiento, ya que reciben mensajes de que están cerca de su límite de almacenamiento en la nube. Es posible que descubras que una cuenta olvidada podrá ayudarte con la sobrecarga. Lo mejor de todo es que empieces a analizar lo que realmente necesitas conservar y lo que puede ser trasladado a la basura.

Almacenamiento de dispositivos informáticos: Cuando compras un ordenador, viene con una cierta cantidad de almacenamiento en el dispositivo y normalmente también viene con una cierta cantidad de almacenamiento en la nube. Los datos almacenados en el dispositivo son los más cómodos de usar, pero pueden tener un tamaño limitado.

Para algunos es suficiente, pero para muchos es necesario utilizar opciones de almacenamiento adicionales. La razón más fuerte para no mantener los archivos importantes sólo en sus dispositivos es porque son fácilmente perdidos, robados o dañados.

Un dispositivo como tu smartphone está siempre contigo, pero puede dañarse fácilmente, perderse o ser robado, o puede dejar de funcionar de repente debido a una mala actualización del software o porque ha superado las capacidades de sus piezas.

La esperanza de vida es a veces difícil de determinar, teniendo en cuenta que las garantías sólo duran unos pocos años, dependiendo del dispositivo. Mi portátil tiene ocho años y no es muy rápido, pero es un caballo de batalla que hace su trabajo, toco madera. Estoy preparado por si deja de funcionar en cualquier momento. Mi smartphone tiene más de cinco años. Me encantaría comprar uno nuevo, pero este sigue funcionando, toco madera de nuevo. Así que, aunque los dispositivos son muy caros, pueden convertirse en un producto muy barato por su productividad con la longevidad.

Almacenamiento en dispositivos externos: Consideremos las opciones de discos duros externos. Están en tu posesión en todo momento, lo que te hace 100% responsable de tus propios datos. Aunque, como cualquier dispositivo informático, no duran para siempre. Piensa en los disquetes y los CD. Pueden dañarse, perderse o ser robados, y perderás todos tus datos. Eso ocurre. Mantener las unidades externas implica un equipo y cables adicionales, pero tienes acceso a tus datos mientras tengas electricidad para tu ordenador. Las unidades de estado sólido son lo suficientemente grandes como para albergar una gran cantidad de datos, como 5TB, pero lo suficientemente pequeñas como para ser extremadamente cómodas de llevar.

[ ] Los USB también son pequeños y muy prácticos para llevarlos de un lado a otro, guardarlos en caso de emergencia y transferir archivos de un ordenador a otro. Yo no tengo impresora y estoy encantado de poder poner los pocos artículos que imprimo en un USB y llevarlos a imprimir por un precio razonable y mucha menos frustración que tener una impresora. Lo mismo ocurre con las tarjetas SD.

En conclusión, ¿qué opción de almacenamiento de copias de seguridad es la adecuada para ti y tu información? Iris la opción de almacenamiento que te permita dormir por la noche.

. . .

Hay algunos documentos y viejas fotos familiares que he guardado en tres lugares diferentes, ya que me preocuparía si sólo estuvieran guardados en un lugar, lo que se llama redundancia doble o triple. Piensa en cómo te sentirías si perdieras tu próxima gran novela, la propuesta de un cliente o los formularios fiscales importantes. No hay respuestas correctas o incorrectas cuando se trata de cómo elegir para guardar sus activos digitales más valiosos. Es mejor prevenir que lamentar y hacer una copia de seguridad de esos documentos importantes.

[ ] Realiza una copia de seguridad de tus activos digitales - Anota en tu agenda la realización de las copias de seguridad o configura un recordatorio automático para llevar a cabo una acción regular. Mientras que las copias de seguridad del almacenamiento en la nube suelen hacerse automáticamente en segundo plano, los dispositivos de almacenamiento externo son tan buenos como la última vez que hiciste una copia de seguridad de tu información.

Consejo PRO: Ordenamiento cautivo - El tiempo más indoloro que dedico al ordenamiento digital es durante lo que yo llamo ordenamiento cautivo. Es el tiempo que pasamos atrapados, esperando en la consulta del médico hasta que nos llaman. Es el tiempo que pasamos esperando a un amigo que se retrasa para quedar en la cafetería del barrio, o esa espera tan, tan larga en el departamento de tráfico. Esperar, esperar, esperar... ¿cuánto tiempo pasamos esperando cada semana?

Haz que este tiempo de espera sea tu tiempo. ¿Cuánto de ese tiempo se podría utilizar para desalojar digitalmente?

. . .

Después de comprobar si hay mensajes que necesitan tu atención inmediata, abre tu aplicación de fotos y empieza a desalojarlas. Muchas reuniones no empiezan a la hora.

Llegar a tiempo a muchas reuniones supone varios minutos de oportunidad de orden. Archiva o borra los correos electrónicos del trabajo mientras esperas a que lleguen los demás.

PUEDES REALMENTE AVANZAR si cada vez que te despistas para ir a tus redes sociales, en lugar de eso utilizas este tiempo cautivo para organizar tus archivos u ordenando más fotos. Seleccionar grupos de fotos y crear álbumes más pequeños te permitirá alcanzar más fácilmente múltiples objetivos más pequeños. Este es un gran momento para crear esos lotes más pequeños.

9

Equipo de rendición de cuentas

¡TODA BÚSQUEDA NECESITA UN EQUIPO! Los amigos, los socios y los equipos que trabajan por los mismos sueños se ayudan mutuamente a empujarse, a apoyarse y a realizar comprobaciones periódicas junto con los tan necesarios intercambios de información. Una tarea maratoniana como el orden digital puede ser mucho más fácil si se hace con amigos. Al igual que el entrenamiento deportivo o los programas de adelgazamiento, encontrar un compañero o equipo de apoyo hace que los días difíciles sean mucho más fáciles de completar.

[ ] Establezca una hora de control regular con sus compañeros de responsabilidad. Comparta al menos un objetivo que piense lograr antes de la próxima sesión de control.

[ ] Sesiones de trabajo - Una gran parte de mi orden digital se basa en mis actividades de arte, fotografía y viajes. En uno de los grupos de rendición de cuentas en los que participo, nos reunimos para completar nuestro trabajo administrativo, el trabajo de oficina entre bastidores que mantiene nuestros negocios funcio-

nando sin problemas. Cada uno de nosotros tiene su propia base de conocimientos en función de nuestro trabajo y hemos descubierto que un obstáculo que encuentra una persona a menudo ya ha sido superado por otra, y todos podemos avanzar rápidamente con todo nuestro trabajo.

Se ha comprobado que los buenos compañeros de responsabilidad funcionan con éxito en la creación de un equipo de apoyo para alcanzar objetivos difíciles y a largo plazo.

[ ] No seas tímido a la hora de preguntar. Ninguno de nosotros se preocupaba por el desorden de su casa y, sin embargo, aparece La magia del orden, de Mari Kondo, y empezamos a presumir y a hacer un podcast sobre la cantidad de desorden que estamos eliminando de nuestros hogares.

[ ] ¿Te apuntas al reto? - Cumple tus objetivos de orden a través de retos.

¿Cuál es tu reto actual para ti mismo? ¿Estás eliminando al menos 20 mensajes extra de tu bandeja de entrada cada día? ¿O 50 más? Hace poco vi a un amigo que tenía más de 15.000 correos electrónicos en su bandeja de entrada activa. Por activa me refiero a la que utilizaba a diario, no a la del correo no deseado. 15.000 divididos por 365 son 41 correos electrónicos al día para tener la bandeja de entrada vacía en un año. Es menos de lo que esperaba, pero, aun así, hay que hacer un esfuerzo concertado si se quiere vaciar adecuadamente la bandeja de entrada. Estas cifras se basan en que no hay correos electrónicos adicionales acumulados. ¿Qué pasará cuando la bandeja de entrada esté llena? Puede que ya esté recibiendo mensajes estresantes sobre lo llena que está su bandeja de entrada. Un pequeño cambio de hábito hará que todo esté bajo control.

. . .

Convierta el reto en un concurso sobre el porcentaje de correos electrónicos desalojados cada semana o cada mes.

O mida el éxito por el porcentaje de GBs encontrados. Los proyectos a largo plazo, que entorpecen la mente, son los más difíciles de completar por uno mismo.

[ ] Resuélvase a retomar el trabajo cada vez que flojee.

[ ] Tus objetivos son conseguir una experiencia digital más relajada, tanto en el trabajo como en el ocio.

Usted y su equipo necesitan ser capaces de encontrar todos sus activos digitales lo más rápidamente posible, pero puede que simplemente se sientan abrumados en su situación actual. Sois tantos que me ha parecido importante elaborar este libro.

Sus objetivos son un esfuerzo de trabajo más relajado y racionalizado junto con experiencias de entretenimiento más satisfactorias. Un mayor control sobre el tiempo de pantalla os devuelve el control y el mando de vuestras vidas digitales. Tú tomas decisiones sobre el enfoque de tus esfuerzos y tú tomas decisiones sobre tu tiempo.

Consejo PRO: Crea un sistema de calificaciones para controlar el desorden entrante, empezando por el "No". Especifica cuándo, con quién (tu compañero de responsabilidad) y dónde mantendrás regularmente a raya las hordas de desorden. Por ejemplo, cuando te pregunten sobre la posibilidad de tomar una nueva clase en línea, recuérdate a ti mismo y a tus compañeros de responsabilidad que decidiste no tomar ninguna clase nueva hasta que te hayas tomado el tiempo de aplicar lo que has aprendido en las otras clases en línea que has tomado.

Si ya sabe que le gusta tomar clases en línea, tome la decisión y la resolución antes de encontrarse con la pregunta.

¿Con qué frecuencia es mejor hacer check-ins? Una vez por semana con los compañeros de trabajo y de responsabilidad y hacerlo por porcentajes frente a la cantidad en cuanto a números de fotografías, también. Lo más probable es que consigas tus mayores ganancias y eliminaciones de barrido en el primer par de semanas. Lleva un registro y observa cómo bajan los números de tus estadísticas iniciales. Podrías conectarte diariamente al principio mientras ves algunas de tus mayores ganancias. Para aquellos que necesitan tomar pequeños bocados cada día en su ordenamiento digital, verás tus mejores ganancias en el seguimiento de tus hábitos de minimalismo y la comprobación en una base semanal.

10

Correos electrónicos y buenos hábitos

DESPEJAR EL CORREO ELECTRÓNICO. . . ¿cómo empezar a abordar este monstruo? Sus correos electrónicos crecen a un ritmo exponencial sin que usted haga nada. Tardaste en llegar a los 2.500, o a los 15.000, o incluso a los más de 30.000, ¡y recibes a diario mensajes de que te estás quedando sin espacio! Le llevará tiempo frenar la bola de nieve de la acumulación y archivar o eliminar adecuadamente esa cantidad de mensajes de correo electrónico mientras sigue gestionando la cantidad que llega.

Con los mensajes que has estado recibiendo de tu proveedor de correo electrónico, ya es hora de desenterrar el desorden. Muy pronto te quedarás sin espacio y ya no podrás recibir más mensajes ni añadir más activos digitales a tus servicios junto con tu correo electrónico.

Buscas la forma más rápida de encontrar la mayor cantidad de datos para borrar.

. . .

"Pero espera", te preguntas, "¿qué pasa con todas mis fotos?". Las fotos ocupan una gran cantidad de nuestro espacio de datos, pero la única manera de que el número de fotos y vídeos crezca es que tú hagas las fotos y captures el vídeo en primer lugar. Tienes el 100% del control de su crecimiento en cantidad, mientras que los correos electrónicos siguen llegando incluso mientras duermes. Realmente creo que hay bastantes tareas y hábitos que hay que cuidar primero antes de sumergirse en las fotos. Los hábitos aprendidos y aplicados en este capítulo son útiles y se aplicarán durante el resto de tu proceso de orden.

El tiempo extra que te tomes ahora para eliminar la pila de correos electrónicos se convertirá en el tiempo extra que tendrás cada día para organizar tus fotografías más adelante. Las fotos no se van a ir a ninguna parte, pero algunos correos electrónicos necesitan una atención personal lo antes posible, y muchos necesitan ser eliminados. Así que no te preocupes, tu acumulación de fotos y vídeos recibirá pronto toda tu atención.

[ ] Frena la avalancha - Consejos para eliminar rápidamente una carga de correos electrónicos desordenados.

[ ] Darse de baja - Empezando por tus mensajes más antiguos, es bueno ver qué mensajes recibes regularmente y nunca lees. Nunca. Anule la suscripción a estos correos electrónicos y luego bórrelos definitivamente. Estas son las hinchazones que mejor me parecen para borrar.

[ ] Filtros: Configúralos - Crea filtros para redirigir los correos electrónicos a su carpeta correcta, evitando por completo tu bandeja de entrada. Utiliza los filtros para agrupar y eliminar

todos esos correos de ventas o promocionales y los diversos boletines que recibes.

[ ] Cuenta de correo electrónico "para tirar" - Redirija las ventas de la tienda y la información de sus folletos digitales a esta dirección de correo electrónico. Esta es su cuenta de correo electrónico de la basura. Es bastante fácil de crear, y usted puede literalmente configurarla e ignorarla. Si no leo los mensajes en la primera semana, no vuelvo a leerlos. Para entonces las ventas han terminado, el evento se ha realizado y el remitente ha pasado a la siguiente cosa. Hay demasiados negocios y otras actividades que se acumulan para que pueda volver a mirarlos. Cuando se llene y empiece a recibir avisos, simplemente borre todos los correos, ¡y acabará de sacar la basura!

Cuanto más atrás en el tiempo esté el correo electrónico, más fácil será determinar qué ventas y qué correos electrónicos de la compañía simplemente nunca leeré. ¡Borrar y cancelar la suscripción de forma masiva es tan refrescante! Su cuenta de correo electrónico de desecho es la más fácil de eliminar y vaciar su bandeja de entrada.

[ ] Organiza los correos electrónicos que guardas - Utiliza las opciones de carpetas y archivos dentro de la configuración de tu correo electrónico para organizar tus correos, o posiblemente envíalos a una aplicación para tomar notas.

Consejo PRO: ¡Tu bandeja de entrada no es tu lista de tareas! He cometido este error durante demasiado tiempo. Es una forma reactiva de llevar a cabo tu negocio en lugar de tomar acciones proactivas. Solía guardar los correos electrónicos de los proyectos en curso en la bandeja de entrada, ya que necesitaba consultarlos a menudo y no quería perderlos. A veces los proyectos duran hasta seis meses, un año o más, por lo que acababa teniendo un número ingente de correos electrónicos.

Para cuando pasaba a los siguientes proyectos, simplemente necesitaba que esos correos se movieran a una carpeta o se borraran. Tienes siete cuentas de correo electrónico, ¿cuál deberías eliminar primero? Estás viendo la lista de tu vida digital y tus siete cuentas de correo electrónico diferentes, todas con diferentes grados de desorden.

¿A cuál debes dirigir tu atención primero?

[ ] Si tienes una cuenta que utilizas a diario y estás recibiendo repetidamente mensajes de que está cerca o al límite, ésta es tu tarea más urgente.

[ ] La siguiente es la cuenta de correo electrónico con la menor cantidad de desorden - Eliminar los correos electrónicos más antiguos y tener una mayor perspectiva de su verdadera importancia o falta de ella le ayudará a moverlos todos a la basura mucho más rápido.

[ ] Los correos electrónicos más grandes serán los que tengan archivos adjuntos, así que haz una búsqueda específica de esos. En Gmail, haz clic en la flecha del cuadro de búsqueda y marca "tiene archivos adjuntos".

. . .

Ahora puedes elegir entre archivar adecuadamente los correos electrónicos y los archivos adjuntos o eliminar completamente estos correos electrónicos más grandes.

¡Sé decisivo!

1. Consérvalo (crea una carpeta en la que guardarlo)

2. Moverlo a otra opción de almacenamiento de datos

3. Borrarlo

[ ] Retroceda en el tiempo hasta algunos de los correos electrónicos más antiguos, los que sabe que probablemente ya no sean necesarios.

[ ] Borrar por remitente - Utilizando la función "Buscar", es fácil reunir y organizar un gran número de correos electrónicos en lotes para eliminarlos o enviarlos a subcarpetas. Es más fácil desechar en lotes cada vez más pequeños. Esto me ha ayudado a deshacerme de un gran número de correos electrónicos rápidamente.

[ ] Limpia tu bandeja de entrada - Programa un momento para limpiar tu bandeja de entrada, como un entrenamiento para mantenerla en forma. Haz una buena selección de correos electrónicos al menos una vez a la semana.

. . .

[ ] Elija la hora del día para responder a sus correos electrónicos - Programar la hora para responder a sus correos electrónicos asegura que se concentre en completar la tarea.

Los correos electrónicos llegan a cualquier hora del día y de la noche. Verás cuándo uno necesita una respuesta inmediata y tomarás las medidas oportunas. Espera a contestar todos los demás hasta la hora programada.

Mi hora programada para responder a los correos electrónicos es a mediodía, y los afronto como dos tipos diferentes.

[ ] Los correos fáciles sólo necesitan respuestas rápidas y mi respuesta es fácil e inmediata.

[ ] Los correos electrónicos difíciles son aquellos en los que necesito investigar mi respuesta con mayor detalle y que no pueden ser completados dentro del horario programado actualmente, como una nueva propuesta de proyecto, por ejemplo. Marca tu horario o añade en tu gestor de tareas cuándo vas a centrarte en completar la respuesta requerida.

Consejo PRO: Por seguridad, utilice un correo electrónico diferente para la comunicación frente a los inicios de sesión.

[ ] Correo electrónico profesional y boletín de noticias - Muchos programas de correo electrónico bloquearán los correos electrónicos masivos para sus clientes, incluyendo los boletines de noticias a los que se han suscrito. Estos son los mismos boletines en los

que se basa su negocio para comunicarse con sus clientes. Esto impide que los correos electrónicos de empresas populares de envío de boletines, como MailChimp, aparezcan en la bandeja de entrada del destinatario. Se recomienda tener una dirección de correo electrónico empresarial específica que esté conectada al dominio de su sitio web. ¿Necesita conectar su cuenta de boletín con un correo electrónico empresarial para que el envío del boletín sea más eficaz?

[ ] Actualice sus firmas de correo electrónico - Para cada una de sus cuentas de correo electrónico profesional y personal, asegúrese de que la firma de correo electrónico tiene la información actual.

[ ] Bandeja de entrada cero - ¿Es éste un objetivo razonable de orden digital? O es el uso de la función de búsqueda una alternativa adecuada al sistema de archivo perfecto.

Me encanta la idea del sistema de bandeja de entrada cero. Qué alivio ver sólo los correos electrónicos que te gustaría ver y todo ordenado al final de cada día. Pero, ¿necesitas este nivel tan intenso de organización del correo electrónico? Cuando dejas de utilizar tu bandeja de entrada de correo electrónico como una lista de tareas pendientes, no es necesario mantener los correos electrónicos en tu bandeja de entrada.

[ ] Organizar los correos electrónicos en carpetas, o "fuera de la vista está fuera de la mente" - Siempre pensé que organizar mis correos electrónicos en carpetas era como limpiar tu habitación metiendo todo debajo de tu cama cuando tenías seis años, es un error que volvería a perseguirte.

. . .

Uno de los pasos del sistema de bandeja de entrada cero es la dura sugerencia de simplemente archivarlo todo. Tal vez tengas que hacerlo al final de cada mes, especialmente si te atrapan muchos mensajes. Todo suena tan soñador, y mientras leía el proceso, pensé que me preocuparía por un correo electrónico perdido.

[ ] Elimine las direcciones de correo electrónico antiguas de sus contactos - Revise su lista de contactos de correo electrónico y vea quién puede ser eliminado fácilmente. Edite sus contactos en cada una de sus cuentas de correo electrónico para asegurarse de que tiene las direcciones de correo electrónico correctas. Elimine los correos electrónicos antiguos que sólo están añadiendo confusión a su flujo de correo electrónico. Muchos pueden ser obsoletos.

[ ] Reconéctate - Después de tantos años, me he dado cuenta de que he acumulado un par de correos electrónicos diferentes para el mismo amigo, o tenía un contacto para un compañero de trabajo anterior que se había trasladado a una nueva empresa, pero que seguía siendo un gran contacto en el mismo campo para mantener. ¿No estás seguro de cuál es la dirección actual? Pregunte. Es una buena manera de mantener el contacto con ellos preguntando cuál es el mejor correo electrónico para hacerlo. También es un buen momento para actualizar su propia dirección de correo electrónico con los demás.

Si ha habido cambios de dirección de correo electrónico desde su última comunicación con ellos, ahora es el momento de hacérselo saber para que puedan actualizar su propia lista de correo electrónico.

Revisando tus contactos, la lista puede ser buena al recordar amigos de los que te has alejado o que se han mudado. Si hay algunos con los que desearías haber seguido en contacto, es un buen momento para buscar su correo electrónico y decirles: "¡Hola!".

[ ] Día del Perdón del Correo Electrónico - 30 de abril de cada año. Un día festivo en Internet creado recientemente por el podcast "Reply All" es otra oportunidad para que te acerques y respondas a esos correos electrónicos que deberías haber contestado hace tiempo.

[ ] ¡Los correos electrónicos enviados también! - Ordena tus correos electrónicos enviados. No siempre se trata de la bandeja de entrada. No te olvides de tus elementos enviados, que probablemente tienen un gran número de mensajes colgando por ahí haciendo su propia fiesta con tu almacenamiento de datos. Así que salta allí y ábrete camino a través de la lista.

Continúa con el mismo proceso:
   [ ] ¡Sea decisivo!
   1. Guárdalo (crea una carpeta en la que guardarlo)
   2. Moverlo a otra opción de almacenamiento de datos
   3. Borrarlo

[ ] Filtros, etiquetas, banderas y carpetas para sistemas lógicos de clasificación - Si quieres, puedes crear un sistema de archivo muy bien ordenado. Todas esas etiquetas de varios tipos te ayudarán a estar organizado, pero recuerda que no tienes que ser súper agresivo con cada detalle de la organización. Si tienes unas cuantas palabras clave a tu disposición, la opción de búsqueda suele ser la más eficiente.

. . .

[ ] Detrás de las pestañas - Existe la opción de que los proveedores de correo electrónico, como Gmail, creen automáticamente carpetas específicas de "Promociones" o incluso de "Correo no deseado" para que los boletines se deslicen hacia ellas, manteniendo tu bandeja de entrada con un aspecto despejado. Recuerda que esto sigue contando para tu almacenamiento de datos, así que, si van a una carpeta específica y no te das cuenta, eso no te está ayudando a ordenarte.

[ ] Archivador digital - Moverlos a un sistema de carpetas a un lado es como colocarlos en un archivador para cuando los necesites de nuevo, como en el momento de los impuestos. A mí me gusta tener varias carpetas en el lateral en las que colocar los correos electrónicos importantes, como los mensajes con recibos y otra información importante que me gusta conservar pero que necesito mantener fuera de mi bandeja de entrada. Soy una persona que no ve, no piensa, así que estos correos necesitan tener una forma de verlos (normalmente por el asunto), pero no necesito tenerlos en mi bandeja de entrada.

[ ] Borrar. Está bien. Bórralos. Sé agresivo. Estos correos electrónicos irán a tu papelera dentro de tu sistema de correo electrónico. Poner los elementos en la papelera no es llevarlos a la acera. En este momento, el reloj está corriendo y permanecerán en la papelera durante un período determinado -como dos semanas o 30 días- antes de ser eliminados definitivamente.

[ ] Día de la basura - ¡Elimina tus correos electrónicos eliminados! Ahora mismo, todos tus mensajes borrados probablemente estén en tu papelera, que está junto al garaje esperando el día de la basura.

. . .

El día de la basura probablemente no es hasta dentro de dos semanas, así que puedes esperar a ver si de repente empiezas a preocuparte por varios mensajes que has borrado agresivamente, o puedes ir y borrar toda tu basura para recuperar tu espacio de almacenamiento de datos.

Si estás borrando a lo loco por el espacio de datos, tendrás que ir a la papelera y pulsar el botón de vaciar para conseguir tu espacio de datos lo antes posible.

Aquí es donde me encuentro pulsando borrar, borrar, borrar una y otra vez. Puede ser un proceso dolorosamente largo y sentir que estás haciendo un sacrificio de tu tiempo y energía. La reducción del estrés de una bandeja de entrada libre de desorden merecerá la pena. El borrado masivo fue difícil para mí, ya que me preocupaba que se borrara un correo electrónico importante en el lote.

[ ] Carpeta de archivos - ¿Dónde está esa carpeta de archivos? Me costó mucho encontrar esta carpeta en mi cuenta de Gmail. ¿Por qué en mi aplicación móvil los mensajes de Gmail eliminados van a los archivos en lugar de a la papelera? ¡UGH! Entra en la configuración de tu correo electrónico y echa un vistazo a todas tus opciones. Verás las opciones que puedes utilizar para facilitar tu experiencia con el correo electrónico.

[ ] Borrar cuentas de correo electrónico - Ahora que has estado abordando tus montones de correos electrónicos, deberías tener una mejor idea de dónde estás con todas tus cuentas de correo electrónico. Ya sabes cuáles son las que todavía necesitas y cuáles sabes que son sólo un desorden en tu vida. Deshazte de los correos electrónicos con los que no quieres lidiar nunca más.

Habrá menos posibilidades de que entre más basura en tu vida digital.

Si no estás seguro de eliminar un correo electrónico todavía, configúralo para que se reenvíe a otra cuenta de correo electrónico. Lleva un registro de sus números y tendrás una mejor idea de si realmente lo necesitas o si puede ser eliminado más adelante en el año.

[ ] ¡Declare la bancarrota del correo electrónico! - No pasa nada. La bancarrota del correo electrónico es cuando te das por vencido en organizar tus correos electrónicos y decides borrar todo para eliminar inmediatamente el estrés del correo electrónico. Tú te conoces mejor que nadie a ti y a los correos que recibes. Así que, si esta es tu acción preferida con respecto a tu desorden de correos electrónicos, entonces hazlo.

Borra todo y descansa tranquilo. Empezar de nuevo puede ser tu mejor opción.

Hábitos, objetivos a largo plazo y la fuerza para completarlos:

¿Por qué preocuparse por los hábitos cuando sólo estás tratando de desalojar tus correos electrónicos? No puedes pensar en esto como una gran limpieza de una sola vez.

Has ordenado tus correos electrónicos. ¡YA! Suspiros de alivio. Nubes de confeti, desfiles y globos de celebración.

· · ·

Pero, como en cualquier desfile, están las secuelas. Si no sigues unos buenos hábitos de orden, las bolas de polvo digitales volverán a multiplicarse rápidamente. Ahórrate el estrés de tener que volver a completar este gran proceso de orden.

[ ] Formar el hábito - Ordenar con tiempo frente a Ordenar por tareas. Es importante distinguir entre los dos. Un reordenamiento dirigido por el tiempo es una cantidad específica de tiempo que se toma cada día o cada semana en la que se logra el objetivo.

Un ejemplo son los 15 minutos que dedicaba por la mañana y por la noche a reducir la enorme cantidad de correos electrónicos que tenía acumulados.

Un desbarajuste por tareas es un objetivo específico de organizar cada día 20 correos electrónicos más de los que recibía. O 100 más.

Ambos métodos te permitirán alcanzar tu objetivo, pero cada uno de ellos responde a un tipo de personalidad diferente. Elija una o pruebe cada opción de productividad y siga con el buen hábito que ha iniciado para usted. Estos hábitos consistentes de limpiar tu correo electrónico al menos una vez a la semana marcarán la diferencia a la hora de garantizar una vida digital organizada y evitar una vuelta al caos.

Consejo PRO: Haz un seguimiento de tu progreso.

Cuando lleves la cuenta de tu progreso con la hoja de cálculo de tu vida digital, no te recomiendo que marques tu progreso cada día. Elige dos días específicos cada semana para marcar tu progreso, como un miércoles y un domingo. O un día a la semana también está bien.

Esto es un poco como las dietas; hay altibajos y a veces nos quedamos estancados en el mismo peso durante un par de semanas antes de volver a bajar hacia nuestro objetivo. Todos sabemos que habrá esos días en los que se producirá algún tipo de crisis y nuestros correos electrónicos se verán de repente inundados, con la sensación de que hemos anulado nuestro progreso durante la semana o el mes. No pasa nada. La vida pasa. Cuando pase la crisis, archiva los que necesites conservar, borra los demás y sigue adelante.

He descubierto que el número total de correos electrónicos no aparece en varias aplicaciones como Gmail, sino sólo el número de correos no leídos. La mayor parte de mi trabajo lo hago con mi iPad Pro, así que a menos que encienda mi portátil, no voy a tener estadísticas de cada dirección de correo electrónico todos los días.

11

Hábitos a largo plazo

Mientras ordenas tu vida digital, ¿qué es lo que evita que se convierta en otro desorden que limpiar en tres meses, un año o cinco años? Desarrollando buenos hábitos digitales.

El diluvio diario puede ser abrumador, pero es manejable con unas cuantas reglas personales. Saber qué correos electrónicos es mejor archivar, eliminar, dar de baja y responder será de gran ayuda, pero estar constantemente al tanto de lo que entra en nuestra esfera digital lo mantendrá contenido.

Este es un proceso a largo plazo, un maratón, un triatlón Ironman completo incluso. Creía que se tardaba unos 21 días en crear un hábito.

Estoy aprendiendo que es un poco más complicado que eso, pero hay acciones que puedes tomar para hacer que los buenos hábitos de orden se mantengan, muchas rutinas y hábitos exitosos para estar encima de tu desorden digital.

. . .

¿Por qué es tan importante crear buenos hábitos de desalojo?

Un gran impulso minimalista no resolverá mágicamente tus problemas de 17.000 correos electrónicos y de alcanzar tus límites de datos en un área mientras mantienes 50 GB abiertos en otra. Crear buenos hábitos de organización digital te ayudará a mantener tu desorden en equilibrio en el futuro.

¿Cómo puedes cambiar el proceso o modificar tu horario para que te resulte más fácil lanzarte a tu próxima sesión de orden? ¿Cuándo es mejor abordar la tarea?

¿Cómo de rápido se acumula todo? ¿Necesitas dedicar 15 minutos más cada día? ¿Y cada semana o cada mes?

Mi momento favorito del día para ayudar a mantener este hábito es un rato por la mañana y otro rato por la noche, para que ninguna tarea sea demasiado grande.

[ ] Comienza y termina tu día con buenos hábitos:

Lanzamiento matutino y preparación nocturna - Cada mañana tengo programado lo que yo llamo un lanzamiento AM. Me tomo una única hora de la mañana para ponerme al día con los mensajes de la noche, los correos electrónicos, las noticias y las redes sociales. Utilizo este tiempo para preparar mi vida digital haciendo cosas como borrar todo lo que no necesito para avanzar y preparar mi día para ser productivo. Esto crea el hábito regular de la limpieza digital. Elige qué acciones vas a realizar para poner en marcha tu día. Sí, aquí he incluido las redes sociales. La realidad es que voy a visitar un par de mis sitios de medios sociales favoritos de todos modos, así que podría hacerlo de la manera más eficiente posible.

[ ] Crea un circuito de clics - Tu circuito de clics es tu itinerario para tus viajes en la red mundial. Me encanta mi circuito de clics; el mío está en una nota digital con enlaces, así que me ciño al itinerario y completo mi circuito en Internet dentro del tiempo previsto.

Crear tu propio circuito de clics te ayudará a mantenerte concentrado y a reducir tu vagabundeo sin sentido por diversas redes sociales y otros sitios web.

Mi circuito de clics es una lista de sitios web que visito con frecuencia y la frecuencia con la que debo comprobar cada una de estas cuentas. Algunas de ellas son personales, en las que necesito conectar con los miembros de mi familia. Otras son de negocios, y necesito comprobarlas a diario, y a veces incluso dos veces al día, para asegurar el buen funcionamiento de mi negocio. Puedes crear tu propio circuito de clics basándote en tu lista de estadísticas de partida. ¿Qué necesitas comprobar cada día? ¿Cada semana? ¿un mes?

A mí me resulta mucho más fácil trabajar sin distracciones a lo largo del día después de comprobar unas cuantas cuentas específicas, y tener una lista rápida a la que referirme me impide aventurarme demasiado en una madriguera aleatoria. Puedes establecer recordatorios y notificaciones si eso funciona mejor para tu flujo de trabajo. ¿Qué cuentas incluyo en la lista?

. . .

[ ] Feedly - Esta fuente RSS trae mis sitios web favoritos a una sola página web.

[ ] Cuentas de venta de negocios, incluyendo mi sitio web - ¿Están funcionando bien? ¿Está toda la información, las ventas, los cupones, etc. al día?

[ ] Cuentas de mensajería - Tengo amigos en todo el mundo, y es genial leer sobre sus aventuras y lo que han logrado en el tiempo que he estado durmiendo.

[ ] Apuntes y mensajes de clase - Me gusta ser un aprendiz permanente, y necesito comprobar los deberes y los comentarios de las tareas.

[ ] Preparación de la noche - Aquí es cuando desarmo las cosas, las recojo de mi día y me preparo para el día siguiente. Repongo mi casa y mi vida digital, así que preparo y acomodo las cosas para el día siguiente. Me aseguro de que los platos están lavados, la ropa está guardada y los almuerzos están listos para el día siguiente.

¿Cómo quieres terminar cada día? Piensa en cómo quieres empezar tu día digital mañana. Piensa en lo agradable que será abrir un escritorio despejado y tener todas las pestañas ordenadas de la investigación de ayer cerradas, con los archivos necesarios para el informe del día juntos en una carpeta que sea fácil de encontrar.

[ ] Asegúrate de que todos tus archivos tienen una copia de seguridad adecuada - Realiza tu configuración nocturna a una hora razonable a primera hora de la noche, por ejemplo, justo después de cenar. Para mí es mejor programar esto antes de estar demasiado cansado. Está bien hacer trabajo adicional después de la configuración de la noche y luego sólo tener un par de elementos para poner a cabo más tarde en la noche cuando esté listo para la cama.

[ ] Reto: Proponte un reto para que la mañana sea más fácil, como borrar cinco correos electrónicos más en cada sesión nocturna. El desorden se acumula a diario, por lo que crear el hábito de desalojar regularmente lo mantendrá a raya y hará que tu vida digital sea un espacio tranquilo por el que navegar rápidamente.

[ ] De nuevo, ¡haz una copia de seguridad de tu trabajo! - Respira mejor y duerme mejor esta noche sabiendo que estás avanzando hacia una vida digital tranquila. En un año, si sigues tus pequeños hábitos diarios, alcanzarás tu gran objetivo de tener una vida digital organizada. Cualquier desintoxicación digital o vacaciones que decidas tomar serán eso, unas verdaderas vacaciones lejos de tus dispositivos con un mínimo de orden a tu regreso.

[ ] Técnica Pomodoro - Es un método de productividad creado por Francesco Cirillo para la gestión eficaz del tiempo. Esta popular herramienta de tareas te obliga a programar un temporizador para un periodo de tiempo corto y específico y a centrarte en esa única tarea hasta que el temporizador se apague. Suele establecerse como un periodo de tiempo de 25 minutos, seguido de un descanso de 5 minutos y, a continuación, otro periodo de tiempo Pomodoro. Se basa en la idea de que

somos más conscientes al principio y al final de las sesiones de trabajo.

Así que, si mantenemos las sesiones de trabajo lo suficientemente cortas como para incluir este pequeño lapso de atención, estaremos trabajando con la máxima eficiencia. Esto se llama a veces sprints de trabajo.

Esta es una gran técnica para ayudarte a empezar una tarea ofreciéndote un simple reto de 25 minutos, que luego te hace ganar un descanso de 5 minutos para mantener tu cerebro fresco. Con estas cortas ráfagas de trabajo enfocadas, es una forma bastante eficiente de trabajar, y cuando se suman al final del día o al final de la semana, la cantidad de trabajo acumulado que se hace puede ser asombrosa.

Esto se puede ajustar a tus propias necesidades de trabajo. Yo utilizo un horario de 45 minutos de trabajo y 15 minutos de descanso, que funciona para mi personalidad y estilo de trabajo. Empiezo al principio de la hora y trabajo durante esos 45 minutos, luego hago una pausa de 15 minutos para comer, estirar las piernas, cambiar la ropa o contestar un correo electrónico.

A continuación, al comienzo de la siguiente hora, vuelvo a trabajar, a veces con la misma tarea. A menudo, paso a una nueva tarea que también hay que hacer o adelantar hoy. Y así es como trabajo a lo largo del día: mucho trabajo de tareas, con una buena cantidad de tiempo de descanso.

. . .

Encuentra un horario que se adapte a tus tareas y a tu personalidad. Adáptate a tus necesidades. Un temporizador es fácil de configurar, es barato y a menudo ya está disponible en tu smartphone.

Empieza a ordenar con una pequeña sesión de cinco minutos. Hacer una limpieza digital de cinco minutos seguida de un descanso de 25 minutos para realizar acciones no relacionadas con la pantalla también puede funcionar. Se trata de hacerlo; no es necesario que se haga a la perfección.

A menudo tengo varios proyectos en marcha al mismo tiempo, tanto personales como de negocios, y todos necesitan avanzar al mismo tiempo.

[ ] Bloqueo del tiempo: se trata de una técnica de gestión del tiempo para abordar tareas basadas en el tiempo en lugar de tareas específicas. Suele ser por un periodo de tiempo más largo para poder entrar en el flujo de la tarea, considerándose el flujo como el estado óptimo de trabajo en el que se siente que el tiempo ha pasado volando.

Cómo convertir el orden digital en un hábito:

Para que los cambios de hábito a largo plazo se conviertan en permanentes, siempre había oído que se necesitan al menos 21 días. Pero, ¿es esto cierto? ¿Es posible eludir este plazo de tres semanas y crear nuevos hábitos más rápidamente? ¿O la realidad es un plazo mucho más largo?

Resulta que la referencia de los 21 días proviene del Dr. Maxwell Maltz en la década de 1960: "... los fenómenos comúnmente observados tienden a mostrar que se requiere un mínimo de unos

21 días para que una vieja imagen mental se disuelva y una nueva se gelifique".

Según Gretchen Rubin al escribir para The Happiness Project en Psychology Today: "Realmente se necesitan 66 días. Sí, algo más de dos meses para que muchos buenos hábitos se mantengan realmente". Estas cifras de 66 días proceden de un estudio publicado en el European Journal of Social Psychology. El estudio también afirma que pueden ser necesarios hasta ocho meses, dependiendo del hábito. Por suerte, no hay un requisito súper estricto de que sea absolutamente necesario que sean 66 días seguidos".

Marcar cada tarea de hábito completada ayuda a reforzar el camino de tener una vida digital despejada con éxito.

Los rastreadores de hábitos son una parte importante de muchos diseños de planificadores, como los bullet journals. El acto de marcar muestra los logros que pueden no ser visibles de otra manera, como el esfuerzo constante que se necesita para perder peso o aprender un nuevo instrumento.

Los rastreadores de hábitos son eficaces porque alimentan nuestra necesidad de mantener la racha y no romper la cadena de éxitos.

Tanto si haces un seguimiento de tus hábitos en una aplicación como en papel, lo importante es el acto de hacer el seguimiento, la marca de un acto completado con éxito.

· · ·

Consejo **PRO**: Los días temáticos de la semana pueden romper la monotonía del orden. Crear un tema para cada día te ayuda a asegurarte de que haces un poco cada día para el proyecto de orden a gran escala.

Los temas que yo utilizo son: lunes de dinero, martes de conversación (para mi smartphone), miércoles de sitios web y viernes de fotos.

Comprobación: ¿Cómo va tu progreso?

[ ] Anota tus cifras - Lleva un registro de cada tipo de progreso, tanto de las cifras concretas como del tiempo invertido. Haz un seguimiento de ti mismo como mínimo.

El orden digital es un proceso a largo plazo y, junto con los buenos hábitos digitales, contribuye en gran medida a garantizar que se ordene la primera vez y que se mantenga así.

Comprender que existe una solución sistemática para este estrés adicional significa que estás ganando la batalla contra el desorden digital.

Si tu desorden digital es como el mío, se trata de una prueba de resistencia en tres partes, como un triatlón. Empezando por la natación está tu autoevaluación, tu línea de salida y los primeros destellos de tu propio minimalismo digital. El ciclismo es la segunda parte, en la que el tamaño correcto, la reorganización y el orden son tus principales objetivos. El deporte final es la carrera, el maratón en el que perfeccionas tus pasos hacia el mantenimiento a largo plazo mediante buenos hábitos digitales.

No te desanimes si no has alcanzado tu objetivo de "disparar a las estrellas" ni pierdas de vista que ya has hecho un gran progreso. Al igual que se necesita un tiempo para frenar y revertir una gran bola de nieve de deudas, también se necesita tiempo para frenar y revertir el diluvio de correos electrónicos y documentos con los que trabajamos a diario.

No pasa nada si te vas de vacaciones y de repente te encuentras con varios cientos de fotos más que ordenar. Reserva el tiempo, anótalo en tu agenda y vuelve a ponerte a hacer la clasificación, y todo saldrá bien.

Consejo PRO: Recompensas - ¿Qué pequeña cosa puede mantener el impulso en los días difíciles? ¿Una marca más en tu rastreador de hábitos? ¿Diez minutos de Candy Crush? Recompénsate a ti mismo y a tu familia con estrellas de oro en una tabla o con una nueva película después de desalojar las listas de vigilancia.

12

Gestión de contraseñas

TU SISTEMA de contraseñas es un desastre: sólo trozos de papel al azar con garabatos misteriosos en una pila sobre tu escritorio o una mini libreta ordenada con listas aleatorias de más notas al azar. Al final, es más rápido crear una nueva contraseña que buscar la actual entre el desorden.

Tal vez hayas ordenado alfabéticamente esa mini libreta y haya alguna apariencia de orden. Pero realmente esperas no perderla nunca, jamás. Muchos de ustedes tienen más de 100 cuentas de contraseñas que deben recordar, y la mayoría de ellas se utilizan con poca frecuencia.

Un listado de las contraseñas más utilizadas muestra tu agotamiento ante la sobrecarga de contraseñas.

No puedes tomarte el tiempo de pensar en mucho más que cumpleaños, mascotas y la temida "contraseña". En este día de contraseñas obligatorias, códigos y verificaciones en dos pasos para todo, desde los juegos hasta la declaración de impuestos, estás enterrado en letras, números y símbolos. Estás suplicando que te liberen de este loco lío de contraseñas. Es hora de cambiar su desordenado e irresponsable modo de contraseña con el que está viviendo ahora. Es hora de aprender una lección fácil sobre cómo crear contraseñas más fuertes y memorables.

[ ] Una manera es tener una buena palabra que recordarás, como "Limonada". A continuación, añade el nombre del sitio, como MyBank, con cada palabra en mayúsculas, y luego un par de caracteres especiales: ¡LimonadaMiBanco$@!

[ ] Otra forma de crear contraseñas fuertes y memorables es tener una frase preferida y añadir caracteres especiales.

¡"Conduzco mi coche al trabajo todos los días" se convierte en IDMCTWED#! Si se añaden números se crean contraseñas más fuertes: ¡"Cinco días a la semana conduzco mi coche al trabajo" se convierte en 5DEWIDMCTW#!

[ ] Una tercera forma de crear contraseñas seguras es utilizar una opción de almacenamiento de contraseñas, como 1Password, KeePass o LastPass, además de la opción de su propio sistema operativo.

Hay otras empresas que también ofrecen estas opciones. Investiga con qué empresa te sientes más cómodo y tiene una interfaz que puedas entender.

. . .

Consejo **PRO**: ¿Quieres una forma rápida de responder a esas ridículas preguntas de seguridad? Porque, sinceramente, ¿quién sabe cuándo nació la mascota favorita de su bisabuela? A menudo las preguntas son espeluznantes y demasiado personales. Una forma de reunir respuestas coherentes para varias preguntas es responderlas todas, literalmente, de la misma manera, como PetMyBank.

O si no te lo permite, toma el sustantivo de la frase y añade el nombre de la empresa, como GrandmaMyStore, o utiliza el verbo o la última palabra de la frase, como BornMyStore.

Consejo **PRO**: Por razones de seguridad, no utilices un correo electrónico abiertamente publicitado como tus correos de acceso.

Después de todo esto, ¿cuántos de ustedes se limitarán ahora a reescribir sus papelitos en un pequeño cuaderno alfabetizado que puedan llevar consigo en caso de emergencia?

13

¡Emergencia!

VIVIR en el planeta Tierra es como elegir tu propia aventura en la que crees que sobrevivirás a las catástrofes. Desde huracanes, terremotos, tornados, inundaciones e incendios, tienes que estar preparado. Cuando se produzca una catástrofe, necesitarás disponer de cierta información para superar el repentino desastre que está ocurriendo en tu vida.

Las copias de los documentos importantes se pueden almacenar en la nube. Las aplicaciones de escaneo, como Scannable, facilitarán esta tarea. A mí me preocupa mucho perder documentos importantes y fotografías familiares irremplazables, así que los guardo en varios lugares, los suficientes como para poder dormir por la noche.

Hay muchas cosas que deben estar listas para estar preparado para una emergencia, y tu bolsa de supervivencia debe estar disponible para un rápido agarre y ser lo suficientemente cómoda como para llevarla una buena distancia hasta un refugio de emergencia.

. . .

Estar preparado para las emergencias aumentará tus posibilidades de supervivencia y recuperación más rápidamente. Hay cosas que puedes hacer con antelación para que tu recuperación sea un poco más fácil.

A continuación, hay una lista de artículos que pueden ser respaldados en Internet. Asegúrese de revisar sitios web como American Red Cross o Fema.gov y busque específicamente información buena y local en su área sobre otros artículos que deben ser empacados, desde zapatos hasta agua.

Al vivir en Japón, tengo que estar preparado para tifones, inundaciones, terremotos e incendios como mínimo, y tengo que planificar el hecho de que es poco probable que los trenes funcionen debido a los daños en las vías.

¿Qué partes de tu vida digital deben estar en nuestra bolsa de emergencia?

¿Qué necesita ser fácilmente accesible en la nube, y qué debería, si acaso, estar en papel?

[ ] Utiliza la aplicación de salud de tu smartphone para mantener tu información médica y la de tu familia para emergencias, incluyendo los medicamentos actuales y las alergias. El personal de emergencias puede acceder a parte de la información que tienes que introducir si sufres un accidente y estás inconsciente. Sí, pueden verla al hacer clic en "Emergencia" en tu pantalla de bloqueo sin tener acceso al resto de la información o aplicaciones de tu teléfono.

. . .

[ ] Actualice sus contactos y asegúrese de añadir los contactos de emergencia en su smartphone: Médicos, dentistas, números de trabajo de la pareja y de otros compañeros de trabajo Profesores y directores de los niños, entrenadores deportivos, etc.

Contactos de emergencia locales

Durante una emergencia estresante, puede ser difícil recordar el nombre del jefe de tu pareja, así que etiquetarlo como Jefe Beverly Jones te permitirá encontrarlo y conectar con él más rápidamente.

Además, añada un par de nombres y números secundarios de la empresa de su pareja, por si acaso el jefe Jones se encuentra de vacaciones cuando necesite hacer esa llamada de emergencia.

Añade los siguientes artículos a tu bolsa de emergencia digital y recuerda utilizar generosamente bolsas con cremallera para mantener los artículos lo más limpios y secos como sea posible.

[ ] Discos externos, USBs y tarjetas SD con documentos importantes, como el permiso de conducir, el certificado de matrimonio, el contrato de alquiler, la información de la hipoteca, los registros médicos, los documentos de impuestos, etc.

[ ] Lista de contactos en papel en caso de que su teléfono se quede sin energía, ya que seguirá necesitando los números de teléfono para llamar desde otras opciones de llamada.

. . .

[ ] Prueba del seguro y la información de contacto de la compañía: recopile un registro preciso de sus posesiones mediante fotografías, números de serie y recibos.

Todo esto puede almacenarse digitalmente, de modo que, si lo pierdes todo, sigue habiendo un registro de ello.

¿Cuál es el mejor lugar para las fotos y la información para la compañía de seguros? ¿En línea? ¿EN UN USB? Yo digo que lo mejor son las dos cosas.

[ ] Contraseñas

[ ] Fotografía de un cheque con los números de ruta para las reclamaciones de los organismos de emergencia. Para recibir fondos de emergencia de esas organizaciones, necesitará la información de su cuenta bancaria.

[ ] Extras - Si aún no has ordenado esos cables extra, recomiendo mantener al menos uno extra de cada uno según sea necesario para tu bolsa de emergencia.

[ ] Cargadores solares o de manivela - Con demasiada frecuencia he visto que la gente no tiene tiempo para salir de un peligro como un incendio, por lo que incluso una bolsa de bug-out totalmente preparada puede perderse en el desastre.

. . .

Asegurarte de que tu vida digital está en orden te ayudará a que tu recuperación tras sobrevivir a un desastre sea más fácil tanto para ti como para tu familia.

[ ] "Déstadning" o limpieza de la muerte en sueco - Originalmente se refiere a la limpieza cuidadosa y consciente de sus posesiones antes de su muerte, incluyendo la elección de dónde irán sus cosas después de su muerte. Los mismos principios se aplican a sus activos digitales, sus sitios web y sus cuentas en las redes sociales.

[ ] Elija cómo quiere que se gestionen sus cuentas en caso de fallecimiento

[ ] Elija quién tendrá las contraseñas de sus cuentas personales y cumplirá con sus peticiones.

[ ] Tenga en cuenta las cuentas de su empresa, ya que pueden ser muy valiosas para que sus socios y herederos continúen la buena marcha del negocio y el valor de su patrimonio.

Nuestras vidas son una dicotomía de fuerza y fragilidad, y planificar para lo peor mientras esperamos lo mejor refuerza nuestra capacidad de recuperación. Mientras los fuertes vientos y la lluvia de otro tifón azotan mi casa, me siento más fuerte que nunca en cuanto a que estas acciones de emergencia que hay que tomar antes de que lleguen los problemas son esenciales.

14

Salud - cuerpo y alma

PARECE que todos los aspectos de nuestra atención sanitaria se han digitalizado. Incluso los diagnósticos se realizan a través de videollamadas con profesionales médicos de todo el mundo. Hay hazañas increíbles en la atención, y luego vienen los confusos montones de facturación médica. Asegurarse de que está conectado electrónicamente con sus proveedores de atención y compañías de seguros es la mejor manera de mantener todo coordinado.

[ ] Citas e historiales médicos - Todas mis comunicaciones médicas, facturas, cuentas de ahorro para la salud (HSA) e información sobre el seguro se gestionan en línea en varios portales. Cada uno de estos sitios web tiene sus propias contraseñas, y luego me encuentro con que me incluyen automáticamente en su lista de boletines.

Ojalá eso fuera ilegal en Estados Unidos, como lo es en otros lugares. Me preocupa que, si me doy de baja, no reciba la información de facturación que necesito. Así que es más correo electrónico que tiene que gestionar. He recibido literalmente correos electrónicos de mi clínica local para informarme de que tienen café gratis en el vestíbulo los martes.

. . .

[ ] Contraseñas - Gestionar mi salud significa también gestionar una enorme carga de contraseñas y papeleo. Manténgalos a salvo.

[ ] Papeles - Hay que escanear, enviar y guardar digitalmente un montón de papeles en algún lugar donde nunca se pierdan.

Consejo **PRO**: Recordatorio de salud respecto a la ergonomía - La ergonomía es la bioingeniería que estudia las conexiones que tienen los trabajadores con su entorno. Yo solía trabajar en un concesionario de mobiliario de oficina, y es a través de estos estudios que se cuenta con excelentes sillas de escritorio para asegurar una buena postura y la altura correcta del escritorio para reducir las lesiones por estar sentado durante largos períodos de tiempo, incluyendo teclados y bandejas de teclado únicas para reducir el túnel carpiano.

En este capítulo relativo a la salud, considera la ergonomía de tus relaciones con tus dispositivos. ¿Estás en una buena posición sentado, con una buena silla y un buen escritorio, y eres capaz de mantener las manos por debajo del corazón mientras tecleas?

[ ] Aplicaciones y equipos de fitness como Fitbit, Garmin/Strava - Desde la medición de 0,01 de segundo en las carreras hasta los dispositivos médicos avanzados que dan libertad y opciones, los ordenadores han ayudado a mejorar las capacidades humanas de muchas maneras. El uso de un reloj deportivo Garmin hace que los tiempos de carrera sean cada vez más rápidos en la natación, el ciclismo y la carrera. Los medidores de potencia en las bicicletas de carreras, los Fitbits para contar los pasos y las aplicaciones para perder peso han ayudado a mejorar la salud y la forma física. Al mismo tiempo que mantienen la forma física de

nuestros cuerpos, estos dispositivos y aplicaciones necesitan su propio mantenimiento.

[] ¿Hay que cambiar las pilas?

[] ¿Está la estación de carga en un lugar conveniente para su equipo deportivo?

[] ¿Hay problemas de conectividad? ¿Tiene problemas para que el reloj deportivo se conecte con el pulsómetro o suba la información a la página web de la empresa para su análisis?

SALUD ESPIRITUAL - Cuidar tu alma es tan importante como tu salud física. Tus dispositivos informáticos son grandes herramientas con una variedad de aplicaciones de fe disponibles al alcance de tu mano. Hay otras aplicaciones disponibles para calmar tu alma, desde ejercicios de respiración para reducir la ansiedad hasta meditaciones zen.

[] Borra la mayor cantidad posible de aplicaciones mal hechas y que chupan el alma.

[] Busca las herramientas que necesitas para mantener la fe, curarte y darle a tu alma espacio para crecer.

Tu salud es vital, así que cuida de ti mismo y de todas las conexiones digitales que necesitas para mantener tu estilo de vida saludable.

15

El hogar, las mascotas y el internet de las cosas

Los HOGARES totalmente conectados ya no son la visión de los escritores de ciencia ficción y los dibujantes. La tecnología ha llegado para quedarse y se está abriendo camino en cada vez más hogares, incluso adaptando las casas más antiguas con sus beneficios. Incluso sin la tecnología moderna instalada en su casa, es probable que tenga un seguro de hogar y de automóvil, servicios de reparación, impuestos sobre la propiedad y otras cosas que mantiene a través de los sitios web de Internet.

Programe los pocos minutos necesarios para asegurarse de que puede acceder a todas las cuentas relacionadas con el mantenimiento de su casa. A continuación, he enumerado ejemplos; añade los que forman parte de tu hogar.

[ ] Compruebe que cada una de sus cuentas sigue configurada según el contrato que firmó.

[ ] Asegúrese de que sus pagos se están aplicando correctamente.

. . .

[ ] Compruebe si hay mejores opciones, como nuevos paquetes y nuevas ofertas. Aplique los pasos anteriores a cualquiera de las siguientes cuentas que posea.

[ ] Proveedor de Internet - En su casa es donde entra su conexión a Internet WI-FI; ¿ha comprobado los planes disponibles de su proveedor de Internet recientemente?

Compruebe si hay un plan mejor a un mejor precio para sus necesidades de internet.

[ ] Seguro hipotecario/de propietario

[ ] Seguro de alquiler/arrendamiento

[ ] Seguro de automóvil
    [ ] Seguro de embarcaciones, vehículos recreativos, etc.

[ ] Asociación de propietarios

[ ] Tablones de anuncios del barrio

[ ] Empresas de reparación

. . .

[ ] Servicios de césped

[ ] Seguridad - Servicios y cámaras

[ ]Sus periféricos, o artículos que forman parte del "Internet de las cosas" (IoT), engloban en términos generales cualquier producto que tenga una forma de transmitir electrónicamente datos hacia o desde el artículo a una red. Esa red puede ser Internet en general o una red en su propia casa, como el uso de auriculares inalámbricos a través de Bluetooth. Estos productos que se introducen en el hogar suelen denominarse artículos "inteligentes", por muy cotidianos que sean, como una tostadora "inteligente", por ejemplo.

No todo tiene que estar conectado a una red sólo porque pueda hacerlo. Desde los problemas de privacidad hasta la reducción de la vida útil de los productos, tome decisiones informadas sobre sus propios productos "inteligentes". Estos artículos pueden incluir cualquier cosa, desde el horno hasta la lavadora, pasando por la vieja cámara digital, las bombillas o la cámara de vídeo del timbre.

Revisa tus periféricos - Tenemos más periféricos que apoyan nuestra vida digital que a primera vista. He enumerado algunos de ellos para que empieces a revisarlos. Para mí, este fue un momento para ocuparme de todos los pequeños irritantes de la casa. Los productos inteligentes son cada vez más omnipresentes, pero no vienen sin su propio conjunto de problemas. Ha llegado el momento de ver qué pasa.

[ ] Conéctalo correctamente para que puedas disfrutar de todas sus ventajas.

. . .

[ ] Déjalo ludita si es posible; no lo conectes a una red y úsalo en su forma más básica.

[ ] Pásalo, recíclalo o véndelo.

Recorra su casa, habitación por habitación, empezando por la entrada, para ayudarle a comprobar sistemáticamente su IoT periférico:

[ ] Sistemas domésticos: Amazon Echo, Google Assistant, etc.

[ ] Sistema de seguridad.

[ ] Timbre

[ ] Frigorífico

[ ] Horno - Puedes pedirle que empiece a precalentar antes de entrar en la puerta para hacer la cena.

[ ] Tostadora

[ ] Lavandería - Puedes pedirle a la lavadora que registre la frecuencia con la que la usas y que envíe un SMS cinco minutos antes de que la lavadora termine. La secadora también se considera un dispositivo inteligente.

Puedes pedir que se reproduzca una música específica cuando el ciclo haya terminado.

[ ] Impresora - ¿Tiene problemas para imprimir o escanear? ¿Necesita tinta nueva? ¿Un cable más largo ya que ha tenido que ser trasladada? Es hora de averiguar su configuración preferida conectando la impresora con un cable o configurándola para Bluetooth y correo electrónico.

[ ] Periféricos obsoletos - ¿Está perdiendo periféricos por las actualizaciones y están envejeciendo? ¿O ha llegado el momento de investigar y descubrir cómo su impresora, que por lo demás sigue siendo buena y tiene diez años, de repente no imprime cuando todos los cartuchos de tinta son nuevos?

[ ] Uso del viejo teléfono inteligente: considere la posibilidad de instalar un viejo teléfono con el altavoz digital como estación permanente para escuchar sus podcasts favoritos en la oficina de su casa o en la cocina.

[ ] Mando a distancia del televisor - Un día la aplicación del mando a distancia del Apple TV funciona, y al día siguiente no.

Así que volvemos al pequeño mando a distancia que se pierde entre los cojines del sofá y que es difícil de buscar para artículos específicos. La mayoría de estas cosas no encajan necesariamente en ninguna categoría específica de "limpieza", pero es necesario hacerlas para que tu hogar digital funcione sin problemas y con comodidad.

. . .

¿Su aplicación del Apple TV no funciona de repente? ¿La aplicación necesita una actualización o el Apple TV necesita la actualización? ¿O ambos? ¿O el problema es el mando a distancia del Apple TV? Si no se ha perdido en los cojines del sofá, ¿necesita simplemente una batería nueva o ser recargado, dependiendo del modelo que tengas?

A medida que avanza por su casa, elabore una lista de estas pequeñas molestias y empiece a eliminarlas de una en una. Haz que tu familia participe en la ayuda; una tarea como la aplicación del mando a distancia del televisor puede ser arreglada por uno de los niños mayores de la familia.

No todos nuestros periféricos son productos "inteligentes"; algunos están ahí para apoyar los productos y sus dispositivos, como los cables de carga y los accesorios de datos.

[ ] Estación de carga - ¿Necesita actualizar su estación de carga? Elimine los cables sobrantes y los viejos cables que ya no pueden conectarse a ningún dispositivo que tenga. ¿Necesita estaciones adicionales o reducir la cantidad que suele tener? ¿Está la estación de carga en el lugar más conveniente?

[ ] ¿Están las baterías de repuesto completamente cargadas? Deben estar en un lugar conveniente para que recuerde tenerlas cargadas regularmente para emergencias o para tomarlas cuando sepa que tendrá un día extra largo.

[ ] Actualice sus cables según sea necesario: ¿ha actualizado sus dispositivos y ahora necesita un nuevo lector de tarjetas SD con opción USB-C?

· · ·

Mascotas - Sí, nuestras mascotas. Les hemos pedido que se unan a nuestra vida digital, y están complaciendo nuestra entrada prepotente con nuestras aplicaciones para gatos y nuestras cámaras de vídeo que vigilan todos sus hábitos de comer y beber mientras estamos fuera.

[ ] El microchip de su mascota - ¡Nuestros periféricos más queridos a veces se alejan por su cuenta!

¿Tiene su perro o gato un chip? Asegúrese de que todos los datos están actualizados -número de teléfono, dirección, veterinario actual, etc.-, a los que se puede acceder y actualizar a través de la página web de la compañía del chip.

[ ] Collares inteligentes - No sólo para el seguimiento de la ubicación, sino también para controlar el nivel de actividad de su mascota y para tener una comunicación bidireccional cuando se pierde de vista.

[ ] Edita tus aplicaciones para mascotas - ¿Qué le parece a tu gato las aplicaciones que has descargado? ¿Le han entretenido tanto como a su gato la aplicación? Valórela, consérvela o elimínela.

[ ] Cámaras para el cuenco de la comida y el plato de agua - Aliméntelos a distancia mientras usted no está, y véalos destrozar el sofá mientras usted está en el trabajo.

Las mascotas no dejan de ser un entretenimiento para todos nosotros, así que mantenga sus cámaras de vídeo bien conectadas.

. . .

[ ] Aplicación para cuidar a tu mascota o pasear a tu perro - ¿Necesitas un cuidador profesional de mascotas o un paseador de perros? ¿O has encontrado estas aplicaciones completamente inútiles para ti y las necesidades de tu mascota? Añade, actualiza o elimina las aplicaciones según sea necesario.

Nuestras casas conectadas, la familia y las mascotas pueden aportar grandes beneficios y la ayuda necesaria para muchos de ustedes, sin embargo, dejarla ludita puede traer mayor paz y tranquilidad para otros. Toma decisiones inteligentes para tu hogar inteligente que se adapten mejor a ti y a tu familia.

Comprobación - A lo largo del proceso, deberías hacer comprobaciones periódicas contigo mismo, con tu compañero de búsqueda de orden o con tu equipo.

[ ] Actualiza tu lista de vida digital - ¿Estás encontrando más cuentas digitales a medida que vas ordenando? He recordado otra cuenta de correo electrónico y de IG que gestionaba y las he añadido a mi lista de vida digital.

Añade las nuevas cuentas que encuentres a tus estadísticas de inicio. Márcalas cuando las hayas desclasificado.

¿Continúa con el seguimiento programado de su progreso semanal y mensual? Si te adentras en el proceso de ordenación, verás que has hecho un gran progreso hasta ahora. Sigue trabajando así de bien.

16

Fotos

Sɪ ᴛᴇ ᴛᴏᴍᴀs el tiempo necesario para desalojar tus fotos y vídeos, cuando termines tendrás unidades de almacenamiento digital del tamaño adecuado y organizadas para tus necesidades fotográficas. Dicho esto, tu huella digital ha tenido años para crecer, por lo que no se reducirá en un solo día o incluso en una semana.

¿Cuántas fotos tienes que desalojar sólo en tu smartphone? 2000? 8000? 14,000? 18,000? Llevar al máximo la capacidad de tu teléfono lo ralentiza mucho. ¿En cuántos lugares y en cuántos dispositivos están dispersos? ¿En la nube? ¿En tus discos duros externos?

Actualiza la sección de fotografía en tu lista de vida digital:
    [ ] en sus dispositivos

[ ] en las cuentas en la nube de tu dispositivo, como iCloud, OneDrive, Google Drive, etc.

. . .

[ ] sitios de almacenamiento profesional como Dropbox, Smug-Mug, Adobe Creative Cloud, Flickr, etc.

[ ] sitios de libros de fotos como Shutterfly y Blurb

[ ] cámara, tarjetas SD, USBs, CDs, etc.

[ ] vídeo

Volver a consultar tu lista de vida digital es vital para saber qué activos tienes, qué espacio queda disponible y dónde está. Esto te ayudará a determinar qué harás con esas miles de fotos: borrarlas, guardarlas o moverlas a otro lugar.

[Esta es tu oportunidad para enseñar hábitos de organización digital a los miembros de la familia que sean lo suficientemente mayores como para ayudar. Crea archivos para miembros específicos de la familia, para diferentes clases, para la temporada de fútbol, para las niñas exploradoras, etc. Mantener a la familia informada hará que todo sea mucho más fácil. También te ayudarán a mantener el rumbo.

Consejo **PRO**: Cambiar el nombre de las fotografías por lotes por evento o fecha es extremadamente útil a la hora de organizarlas. Ayuda a la hora de hacer una búsqueda rápida por un nombre lógico como fútbol_2015.

· · ·

[ ] Agrupa las fotos en álbumes más pequeños - La mejor manera de abordar los miles de fotos que tienes es dividirlas en agrupaciones más pequeñas y manejables. Crea carpetas o álbumes en los que separes por fecha, evento, lugar o persona. Es más fácil encontrar las mejores imágenes cuando se comparan las fotos de las acampadas con las de otros campamentos, o cuando todos los partidos de softball están juntos. Divídelo en archivos de cada día de vacaciones para que puedas sentir el logro en cada pequeño paso adelante.

[ ] Imagina una afición o deporte para cada niño; por ejemplo, uno hace fútbol, otro karate y el otro toma clases de arte. Llévalos a las elecciones para las fotografías. Puedes volver a agruparlos en una carpeta de un año como familia para un vídeo de fin de curso.

[ ] Tarea de ordenación cautiva: la selección de fotos para crear subcategorías de álbumes se realiza fácilmente durante las sesiones de ordenación cautiva. Organizar, editar y borrar el álbum de esa acampada que hiciste con la familia el verano pasado durante tu tiempo de orden cautivo en el DMV es una forma de pasar tu tiempo de pantalla que merece la pena. Saldrás sabiendo que al menos has conseguido algo.

[ ] Empieza primero con las fotos más antiguas - Las fotos que más alegría nos dan suelen ser las más antiguas, como las maravillosas fotos que nos recuerdan cómo olía la selva tropical o los sonidos del elefante al que diste de comer. Fotos como las que se tomaron durante el verano en la playa cuando tu hijo aprendió a nadar son los mejores recuerdos de los que puedes guardar algunas fotos, pero no es necesario que las guardes todas. Piensa en el carrete de lo más destacado de tus recuerdos y guíate por él

a través de tus fotografías. Algunas fotografías no evocarán la esencia del evento. Si no hay un recuerdo de esa foto en tu colección, es hora de eliminarla.

[ ] Elimina los duplicados - Una vez que hayas aislado un grupo de fotos, es el momento de curarlas. Hay programas que te ayudan a encontrar las fotos duplicadas que tienes y que están ocupando datos de más. Eliminarlas al principio de tu organización te dará un empujón para empezar.

[ ] Elimina las fotografías de mala calidad: elimina esa foto borrosa que tomaste accidentalmente de la acera. Elimina las que tienen a los miembros de tu familia desenfocados, las que tienen un dedo en el marco o el vídeo que está demasiado movido para ver algo.

Familiares desenfocados, las que tienen el dedo en el encuadre o el vídeo que está demasiado movido para ver nada.

[ ] Desalojar las fotografías con buenos hábitos - Utiliza el desalojamiento cronometrado o basado en tareas y un rastreador de hábitos. Mantener el hábito de las sesiones cronometradas para desalojar las fotografías implica una cantidad de tiempo razonable, como diez minutos. Una sesión de trabajo centrada en la tarea crea un objetivo, como, por ejemplo, desalojar 20 fotografías en una tarde.

Consejo PRO: Programe el tiempo de edición y no espere. Deja de lado el hábito de "algún día". Esta semana he tenido dos sesiones de fotos y he llegado a 4465 fotos y 97 vídeos. Programar la edición inmediatamente después de la sesión ha ayudado a evitar que esas cifras sean mucho más altas.

[ ] Almacenamiento a largo plazo: es buena idea hacer varias copias de seguridad de tus fotos más preciadas.

Hay varios sitios para almacenar tu fotografía, como Flickr, Adobe Lightroom en Creative Cloud, Google Photos, iCloud, Dropbox, etc. Algunos están creados para los fotógrafos y tienen buenas características para apoyar las necesidades de un fotógrafo de mucho espacio de almacenamiento de activos.

Al comprobar tu lista de vida digital, sabrás de cuánto espacio de datos dispones. Consulta las opciones de almacenamiento y los precios y comprueba si ha llegado el momento de cambiar de sitio para ajustar el tamaño de tus necesidades de almacenamiento de fotos. Puede que encuentres una solución más barata y más fácil de usar.

Ten cuidado con los sitios de almacenamiento gratuito en la nube, ya que lo gratuito no siempre es gratis.

[ ] Eliminar, eliminar, eliminar - Enviar las fotos a la papelera no necesariamente las elimina para siempre. Por lo general, es necesario eliminar permanentemente las fotos antes de perderlas y recuperar los GB.

Si no estás seguro de eliminar permanentemente una foto, no te preocupes. En este punto, todas tus fotos suelen enviarse a una carpeta de "borrados", que conservará tus fotos durante un tiempo adicional antes de que se eliminen definitivamente, normalmente 30 días. No te olvides de dar el paso adicional de borrar permanentemente si estás haciendo una selección para encontrar espacio de almacenamiento de datos en tu vida digital. Tendrás que ir directamente a la sección de fotos "eliminadas" y seleccionar la eliminación permanente.

[ ] Curar en oleadas - Esto es un proceso. Curar en oleadas hasta alcanzar el objetivo final. Me doy cuenta de que no puedo editar perfectamente todas mis fotos en la primera oleada de eliminaciones, ni en la segunda, ni siquiera en la tercera. Algunas imágenes están en esa zona gris del sí. Me gustaría borrarlas, pero, ¿y si...?

Así que se quedan en sus carpetas de fotos, y en la siguiente oleada de ediciones, puede que me dé cuenta de que no es tan importante o de que otra similar es mejor, y puedo borrarla cómodamente.

Consejo PRO: Sincroniza las fotos del teléfono y del ordenador si la pantalla es demasiado pequeña para la edición final. Puede que ya lo tengas con la cuenta en la nube de tu sistema operativo. Sé que las pantallas de los smartphones pueden ser demasiado pequeñas para captar los detalles importantes que necesitas editar.

[ ] Creación de productos finales - Crea la fotografía final, desde pases de diapositivas hasta vídeos y libros de fotos.

¿Se acerca un aniversario, una jubilación o una fiesta de cumpleaños? Este es un buen momento para empezar poco a poco a crear una divertida presentación de diapositivas. Desde calendarios de pared de tela hasta cortinas de ducha, si utilizas una empresa como Shutterfly o Blurb para imprimir el libro que recopiles en su programa de fácil uso, podrás encargar varias copias para la familia y los amigos.

En lugar de un libro físico, puedes crear pases de diapositivas o vídeos cortos con una combinación de las fotografías y vídeos tomados de unas vacaciones de esquí o de toda una temporada de fútbol. Las presentaciones pueden seguir guardándose en varias ubicaciones digitales para mantenerlas a salvo, y es fácil compartirlas con un grupo grande de personas, como un equipo de fútbol.

Además, todas esas fotos también se almacenan en la base de datos de la empresa. Comprueba el tiempo que permitirán que tus fotos permanezcan allí, porque después de que hayas hecho tus pedidos, no tienen ninguna obligación de conservar tus fotos. ¿Y qué pasa con todas las fotos que has subido? Te animan a que guardes allí las fotos creadas y los álbumes de fotos guardados con la idea de que tal vez quieras pedir otra copia en el futuro.

Aunque es un punto válido, hay un límite. ¿Cuánto tiempo te sientes cómodo dejando tus fotos allí? La empresa de álbumes de fotos no tiene ninguna obligación de conservar tus fotos más tiempo del que quiera, así que te recomiendo que guardes una copia de todas las fotos que aprecias en tu propia posesión. Recientemente, he comprobado el libro de fotos de mi boda, que ha estado en Shutterfly durante más de diez años. Puedo volver a pedir el libro si lo deseo.

. . .

Me siento cómodo borrando estas del sitio web porque tengo todas esas fotos guardadas en otros formatos. También daría un formato diferente al libro, así que no me importa que se pierda el diseño del libro en sí.

[ ] Revisa tus aplicaciones fotográficas periféricas - ¿Sigues utilizando todas tus aplicaciones relacionadas con la fotografía, como las de edición de fotos, las de filtros, las de marcas de agua y las de medidores de luz? Conserva las que utilizas y elimina el resto. Si utilizas mucho y durante mucho tiempo una de las aplicaciones, ¿hay otras más nuevas y que funcionen mejor?

Por su proceso, prémiese y premie a su familia - Esta acumulación de fotografías ha llevado años, décadas y, literalmente, toda una vida a sus hijos. Cada verano, pasaba un par de semanas con los abuelos de los que vivía lejos. Mi abuela guardaba todas sus fotografías para que yo las colocara en álbumes para ella. Era una forma de ponerme al día con la familia que apenas veía una vez al año.

¿Las fotografías de la familia siguen en álbumes anticuados y necesitan ser escaneadas? Habrá que fusionarlas en el sistema de carpetas de tus dispositivos o posiblemente subirlas a la nube para compartirlas.

Involucra a tu familia, repasa esos magníficos recuerdos que habéis recogido en familia y crea un juego de salvapantallas, una presentación de diapositivas o un vídeo para que todos los disfruten.

17

Aliviar el dolor de la eliminación selectiva

Sé que estas técnicas de borrado, conservación y selección de nuestros activos digitales pueden ser muy dolorosas. ¿Qué pasa si borramos algo que necesitamos?

Reducir el dolor de borrar demasiado:

[ ] Sacar la basura - Borrar la mayoría de las cosas simplemente pone los artículos en un cubo de basura. Ninguno de esos objetos ha llegado todavía a la acera, al contenedor o al camión, ni están enterrados en el vertedero. Puedes borrar algo y aún tener tiempo para pensar en ello. La basura de mi portátil se queda ahí durante años y años hasta que le doy a borrar. Esto depende de tu dispositivo y de su sistema operativo.

Algunas papeleras, como la de las fotos de mi smartphone, tienen un temporizador específico. Mis fotos están configuradas para borrarse automáticamente de este sistema en 30 días. Así que si borro una foto, tengo 30 días para recuperarla por completo si así lo deseo. De lo contrario, se eliminará automáticamente de mi carpeta de "eliminadas".

[ ] Cree su propia carpeta del contenedor de basura - ¿Sigue nervioso por borrar demasiadas cosas y no puede meterlas en la papelera, por si algún miembro de la familia la vacía accidentalmente? Crea una carpeta y llámala como quieras, por ejemplo "El contenedor". Llénala con todos los elementos que quieras eliminar definitivamente. Ahora fija una fecha. Sí, fija una fecha para que "El contenedor" se traslade a la verdadera papelera de tu ordenador para su eliminación.

Si no fijas una fecha de borrado, dejarás que este archivo se quede ahí como una gran pila de ropa de gimnasio maloliente, ocupando espacio de datos. Fija una semana, un mes o incluso un año. Vea cómo se siente. Verás cómo tu ordenador está mucho menos desordenado y sentirás un flujo de trabajo más cómodo.

¿La carpeta "El basurero" sigue poniéndote nervioso cuando se acaba el tiempo designado? Si ni siquiera estás pensando en ello, ¡es genial! Muévela a la papelera.

Si sigues preocupándote por algo en esa carpeta, si te quita el sueño, es un buen indicio de que hay un archivo demasiado importante como para dejarlo pasar. No pasa nada.

[ ] Barrer todo en un fichero de archivo - Empezar de nuevo es a veces la mejor opción. Empezar de nuevo se sentiría mejor que este lío. Tal vez sea eso lo que tengas que hacer. Ya sea por fecha o por tema, juntarlo todo, sea lo que sea, comprimirlo de la forma

más compacta posible, y ponerlo en una unidad de almacenamiento. No importa si está en la nube o en un almacenamiento externo; en cualquier caso, guárdalo como si colocaras un libro en una estantería. Tu colección anual de archivos es como un anuario. Esto está bien. Se trata de organizar tus archivos de una manera que tenga sentido para tu vida, lo que resulta en la menor cantidad de desorden para vadear en el día a día.

Consejo PRO: Buscar archivos frente a archivos organizados - ¡La forma más rápida de encontrar archivos bien nombrados es utilizar la barra de búsqueda!

Hay un límite a la intensidad con la que necesitamos organizar nuestro desorden: no necesitamos obsesionarnos con cada detalle. Escribir términos de búsqueda para encontrar archivos suele ser más rápido que hacer clic en un árbol de archivos/carpetas para abrir un archivo específico, incluso cuando se sabe dónde buscar el archivo. Cuando no estás seguro de en qué área buscar, tu desorden digital es un problema. Cuando te quedas sin espacio de datos, necesitas revisar los detalles y crear mejores hábitos de organización digital.

Este no es un proceso perfecto. Demasiados archivos tienen zonas grises, y demasiadas fotos tienen recuerdos increíbles como para dejarlas ir fácilmente. Es un proceso.

Lo que no se siente bien al dejarlo ir en la primera oleada puede ser correcto al dejarlo ir en la segunda oleada de selección, o en la tercera.

18

Archivos en la nube

¡Archivos, archivos, archivos flotando por todas partes!

[ ] Adobe Creative Cloud

[ ] Dropbox

[ ] Lugares de almacenamiento de fotografías

[ ] Dispositivos de almacenamiento externo

[ ] El almacenamiento en la nube de su sistema operativo (por ejemplo, iCloud, G-Suite)

Consulta tu lista de vida digital y actualiza las estadísticas de cada una de tus cuentas en la nube. Consulta estas estadísticas cuando decidas dónde almacenar tus archivos. Considera qué reasignación de archivos tendrá más sentido en relación con tu flujo de trabajo.

[ ] Su cuenta en la nube más cara - Comience aquí, con sus unidades de almacenamiento en la nube más caras. ¿Está obteniendo el valor de su dinero? ¿Necesita más?

[ ] Tu cuenta de la nube más congestionada - Para mover los archivos de la nube de una cuenta a otra, es necesario descargarlos en tu ordenador. Me gusta usar mi escritorio.

Mi escritorio es como mi estación de tren local para mis archivos, ya que entran y salen como los trenes bala aquí en Japón. A medida que vayas ordenando tus cuentas en la nube, haz que tus archivos se muevan sin problemas por la estación. No olvides eliminar los archivos de la plataforma del tren de tu escritorio al final del día.

[ ] Cree pequeños grupos de archivos juntos - Esto creará trozos más manejables en los que renombrar.

Por ejemplo, los archivos relativos a una propuesta de marketing estarán dispersos entre los documentos de Word, Evernote y Photoshop, y una vez que la presentación esté terminada, puedes elegir un sistema de archivo y nomenclatura más lógico para que sea más fácil encontrar los archivos archivados.

· · ·

[ ] Cambiar el nombre de sus archivos - La forma de nombrar sus archivos de forma consistente se llama técnicamente convenciones de nomenclatura de archivos.

Hay que tener en cuenta un par de convenciones para nombrar los archivos:

[ ] Elija una forma de fecha coherente: AAMMDD o MMDDYY o AAAA-MM- DD

[ ] Escriba cada palabra en mayúsculas para facilitar su lectura.

[ ] Si necesita un espacio, utilice un guión bajo

[ ] Los caracteres especiales no suelen estar permitidos.

Vamos a hablar de cómo nombrar todos estos archivos.

[ ] Manténgalo simple y lógico para usted. Tenga en cuenta lo que es importante de los archivos, desde el tema hasta la fecha, y asegúrese de que no sean demasiado largos.

Los nombres demasiado largos se pierden en el corto espacio, lo que dificulta ver el nombre completo. Hace difícil saber qué archivos estoy viendo sin abrirlos. Los nombres más cortos me ahorran tiempo.

. . .

Tenga en cuenta el proyecto, las personas, el evento, el lugar, la clase, la fecha y su versión a la hora de elegir los nombres de sus archivos.

¿Hasta dónde debo organizar mis archivos? En otras palabras, ¿hasta dónde debo llegar con los archivos dentro de los archivos para ser lo más eficiente con mi desorden digital? La forma más rápida de encontrar archivos bien nombrados es utilizar la barra de búsqueda.

Algunos proyectos requerirán más que otros, pero la verdadera prueba es la rapidez con la que quieres acceder a tus archivos. Hacer clic tras clic tras clic para llegar al correcto puede ser realmente molesto. Utilizar etiquetas y un buen nombre de archivo es aún mejor.

19

Perseverancia - el proyecto a largo plazo

EL ORDEN digital es un proyecto a largo plazo. No has acumulado este desorden de la noche a la mañana.

Llevará tiempo frenar la acumulación e invertir el rumbo.

Si quieres, puedes concentrar todo el orden en un periodo de tiempo mucho más corto, pero ten cuidado con el estrés que supone para tu cuerpo pasar demasiado tiempo frente a la pantalla.

Empezaremos por el panorama general y profundizaremos en más y más detalles a medida que vayas progresando.

Los proyectos a largo plazo tienen sus altibajos, y hay etapas identificables para el éxito de los proyectos a largo plazo:

. . .

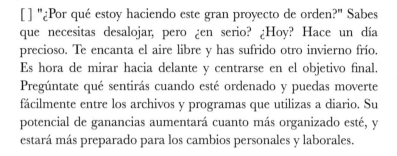

[ ] "¿Por qué estoy haciendo este gran proyecto de orden?" Sabes que necesitas desalojar, pero ¿en serio? ¿Hoy? Hace un día precioso. Te encanta el aire libre y has sufrido otro invierno frío. Es hora de mirar hacia delante y centrarse en el objetivo final. Pregúntate qué sentirás cuando esté ordenado y puedas moverte fácilmente entre los archivos y programas que utilizas a diario. Su potencial de ganancias aumentará cuanto más organizado esté, y estará más preparado para los cambios personales y laborales.

[ ] Los grandes proyectos a largo plazo empiezan a cobrar vida propia - A menudo los proyectos que duran tanto pueden convertirse en monstruos por sí solos. El orden digital es una tarea enorme. Es molesto, es aburrido, es un monstruo maligno que entorpece la mente y al que hay que matar. Es más difícil de lo que habíamos previsto en un principio. El día a día en el pantano de nuestro desorden digital no es agradable.

Es entonces cuando tienes que dividir tu progreso en pasos aún más pequeños.

¿Su reto personal de recibir 20 correos electrónicos más al día es mayor de lo que puede manejar en los días soleados de verano? Un reto actualizado podría ser cinco más en días soleados pero 25 más en días lluviosos. Puede que tu progreso sea más lento, pero el progreso es el progreso. La tortuga venció a la liebre. Acepta la victoria; sigues progresando. También puedes mirar nuestra lista y elegir otra tarea. Pero en ese caso hay otra parte de la psicología en juego: la procrastinación.

[ ] Estás en tu punto más bajo, pensando que no vale la pena el estrés extra y todo este tiempo extra de pantalla. Ya no quieres estar en la búsqueda de una vida digital limpia y de ensueño, así que estás listo para dejarlo. Este es el momento de cambiar tu

enfoque y tus pensamientos con respecto a tu proyecto de organización. Esto es un proceso y puedes cambiar de opinión. Mira el proceso en sí, el simple acto de hacer espacio para mejores fotos y vídeos en el futuro. El proceso es el acto de cuidar un dispositivo caro y todas las cuentas que lo acompañan. El mantenimiento y el cuidado adecuados suponen un gran avance en la vida de tu ordenador. Todo el orden me ha ayudado a aprender mucho sobre mis dispositivos y sus sistemas operativos.

[ ] Mantén fuertes conexiones con tus compañeros de control y tu equipo de responsabilidad.

Una sólida red de apoyo puede marcar la diferencia entre el éxito o no del orden digital. Apoyaos mutuamente y sed responsables.

[ ] Comparte tus estadísticas digitales - Comparte tus éxitos. Escoge días y horas específicas para mostrar tus progresos: todos los jueves y domingos a las 21 horas, por ejemplo. Muestra tu trabajo. Publica regularmente tus progresos. Muestra tu gráfico de líneas, tus pegatinas de estrellas doradas o tu rastreador de hábitos marcado.

[ ] Muestra tus fallos - No pasa nada si los números suben durante un tiempo. Vuelve a entrar en cuanto puedas y empieza a bajar esos números de correo electrónico de nuevo. Empieza a organizar más fotos en presentaciones.

Mantén tu responsabilidad y la de tus compañeros de forma consistente.

. . .

Consejo PRO: Tome descansos regulares. ¿Te has tomado al menos un día de descanso a la semana? El orden digital es una tarea abrumadora, que a menudo entorpece la mente y a veces es incluso dolorosa. Las horas y horas constantes mirando la pantalla provocan dolores de cabeza y de espalda.

Ya tenemos demasiado tiempo de pantalla, y este proyecto de orden digital podría estar añadiendo a su tiempo de pantalla sobrecargado.

Salud de la pantalla, tensión ocular y dolores de cabeza: ¿te parece que te duele la cabeza cada vez con más frecuencia, sobre todo después de largas jornadas de uso del ordenador y el smartphone? Definitivamente, toma medidas para limitar el tiempo que pasas frente a la pantalla y hazte una revisión ocular. Hay varias acciones que puedes hacer para reducir la tensión ocular y así poder volver a desentumecerte después de que tus ojos hayan descansado adecuadamente.

[ ] Limita tu tiempo de pantalla - Demasiado tiempo de pantalla no es saludable y es parte de la razón por la que el orden digital completo de tu vida lleva tanto tiempo. Demasiado tiempo de pantalla extra hará imposible completar cualquier trabajo.

[ ] Ajuste el nivel de brillo de su pantalla.

[ ] Activa la opción de modo oscuro, si tu pantalla sigue siendo demasiado brillante.

[ ] Modo nocturno: yo también utilizo el modo nocturno durante el día, a no ser que esté bajo la luz del sol. El modo nocturno

reduce la luz azul procedente del smartphone y la tableta.

[ ] Opciones de accesibilidad: un tamaño de letra más grande y un tamaño de iconos mayor reducen la fatiga ocular cuando se intenta leer en pantallas de smartphone más pequeñas.

[ ] Gafas-Consiga las mejores gafas posibles si las necesita. El cansancio de los ojos puede deberse simplemente al envejecimiento, y los lectores baratos serán útiles para leer las pantallas más pequeñas de los teléfonos inteligentes.

Puede o no necesitar bloqueadores de luz azul. Yo opté por no comprarlos, ya que cambian el color de lo que se ve. Para mí, como artista que agoniza con las opciones de color en mi práctica, no son una buena opción.

[ ] Despeje digital en oleadas: siga quitando las capas de desorden, cuenta por cuenta, archivo por archivo. Al raspar el desorden, espero que veas por qué trajiste el dispositivo a tu vida en primer lugar. Redescubre las aplicaciones que te hacen la vida más fácil.

Las primeras "olas" raspan las mayores cantidades de desorden al principio, pero son las olas adicionales al revisar todo nuestro orden las que hacen los cambios más significativos. Volverás a revisar tus archivos, carpetas y cuentas, moviendo más y más capas de desorden, una vez más, y verás que realmente no necesitas más de esos archivos, o que un menor número de tus fotos son tan valiosas como pensabas inicialmente.

Sé persistente; empezarás a ver el final a la vista. Los archivos serán más pequeños, las notificaciones de datos máximos serán menos y pronto desaparecerán, y te meterás en la onda del proceso.

Mira cuánto has ordenado hasta ahora. Tienes los conocimientos que has adquirido y este libro para seguir adelante y llegar hasta el final. Mira lo que ya has completado:

[ ] Has despejado tu escritorio - Los primeros destellos del poder que tenías para tomar el mando de tu vida digital fueron al despejar tu escritorio. Que tu portátil se inicie con un magnífico fondo de pantalla de tu elección y sin desorden es una sensación estupenda. El andén de tu estación de tren funciona sin problemas.

[ ] Has optimizado el dock de tu escritorio - Tener tus aplica-ciones favoritas alineadas justo en el dock, listas para ti justo cuando las necesitas es elegir la forma más eficiente para moverte por tu vida digital.

Estás avanzando con tus correos electrónicos, estás reduciendo el tamaño de tu almacenamiento digital y los baches en tu flujo de trabajo se están suavizando.

Recuerda que se trata de un proyecto maratoniano.

Marca siempre tus victorias. No es necesario que sean grandes, ni que se trate de dinero gastado en una recompensa física. A veces, basta con marcar en la hoja de cálculo los progresos realizados. ¡Celébralo!

20

Smartphones

DESHACERSE de los teléfonos puede ser tanto la tarea más fácil como la más difícil. Tu smartphone te acompaña siempre, pero también es el que más te distrae con sus repetidas notificaciones de varios amigos, familiares, redes sociales y correos electrónicos.

Es en tus teléfonos donde puedes aprovechar los más pequeños trozos de tiempo para hacer los mayores progresos. Mantén el ritmo del orden cautivo utilizando los minutos que tienes mientras esperas en la consulta del dentista o en la cola del banco. Si tomas el transporte público, tienes esas horas adicionales cada semana para asegurarte de que tu teléfono e incluso tu tableta están al día.

En tus teléfonos es donde haces tus fotos y grabas gran parte de tus vídeos. Parte del desalojo que puedes hacer es ordenar esas fotos. Siempre estamos tomando más y más fotos a medida que avanzamos en nuestros días. Algunos de nosotros tenemos miles de fotos en la aplicación de fotos que necesitan ser ordenadas. Cuando llego a casa, las limpio en trozos más pequeños en mi teléfono, y luego hago las ediciones y eliminaciones finales en mi tableta o portátil, donde puedo verlas todas más fácilmente.

[ ] Proveedor de red - ¿Necesita hacer cambios? ¿Puede ahorrar dinero cambiándose de compañía o de paquete? ¿Necesita encontrar uno con mejor recepción? ¿Estás contento con la tarjeta de crédito o la opción de prepago que utilizas actualmente? Dedica un tiempo a este asunto. Comprueba si puedes hacer los cambios a través de su página web, lo que reducirá el tiempo necesario para realizarlos.

[ ] Aplicación de Preferencias del Sistema - Esto es similar al proceso cubierto en el Capítulo 7. La aplicación de utilidades es el centro de control de su teléfono. El recorrido por cada sección en orden le mostrará una multitud de opciones disponibles para aprovechar al máximo la experiencia de su smartphone.

[ ] Actualiza completamente tu smartphone - Actualiza también todas las aplicaciones.

[ ] Ajustes de accesibilidad - Estos ajustes realmente ayudan a mejorar la experiencia de tu smartphone. ¿Puedes ver todo lo que hay en la pantalla o entrecierras mucho los ojos? ¿Debes hacer que la fuente se muestre más grande?

[ ] Permisos de auditoría, notificaciones y privacidad

[ ] Desactivar las notificaciones PUSH

· · ·

[ ] Modo de manejo/vibración - Mi acción de orden favorita con mi teléfono ha sido apagar todas las notificaciones. Sí, todas. Poner el teléfono en "modo manner" para que no suene en restaurantes u otros lugares que serían de mala educación. En casa, puedo escuchar fácilmente el zumbido del modo de vibración. Ya no es necesario comprobar cada nota que sale de ese aparato. Date un respiro.

[ ] Apps del Dock - Mueve aquí tus apps más importantes.

Aquí tengo mi aplicación Kindle, mi aplicación de mensajería favorita, mi aplicación de correo electrónico y mi aplicación para tomar notas. Mueve la aplicación del teléfono del dock a otra pantalla. Hace tiempo que he retirado mi aplicación de teléfono del dock y de la pantalla de inicio. Simplemente no la uso nunca. Sigue funcionando igual sin importar en qué parte del teléfono se encuentre.

[ ] Teclados de idiomas: ¿están funcionando todos los teclados de idiomas y las aplicaciones de diccionario que los acompañan?

[ ] Negocio versus personal - Si tienes teléfonos separados, ¿estás correctamente conectado en tu teléfono de negocios? ¿Necesita eliminar una aplicación en su teléfono personal que sólo debería estar en su teléfono de trabajo? Haz valer tu equilibrio vital entre el trabajo y la vida privada eliminándola de tu teléfono personal.

[ ] Compruebe sus números e información de emergencia - Esto es tan importante que lo enumero una segunda vez.

· · ·

Completar la información médica de emergencia en la aplicación de salud de tu smartphone permitirá al personal médico de emergencia una forma de acceder a tu contacto de emergencia y a otra información vital que proporciones.

¿Cómo pueden acceder a ella en mi teléfono bloqueado?

La "Emergencia" en su pantalla bloqueada hace más que llamar a los servicios de emergencia; también proporciona acceso a esta sección específica de información vital que debe escribir en su aplicación de salud.

Mantener tu lista de contactos actualizada y lo más limpia posible facilitará que, en caso de emergencia, tu familia encuentre a quien necesita para comunicarse. Seguro que tienen el número de su jefe para llamar en caso de emergencia, pero ¿tienen el número de otra persona cuando el jefe está de vacaciones y usted no puede acudir al trabajo por una urgencia médica?

[ ] Actualiza o elimina la información de contacto antigua: me di cuenta de que tenía el número de un cerrajero de hace tres mudanzas en otro país. Eso es un orden de números de contacto.

Tengo muchos amigos que se mudan tan a menudo como yo, así que tener información antigua de un amigo que se ha mudado dos veces no es útil.

Ha llegado el momento de seleccionar la lista de teléfonos para que sea más fácil encontrar a las personas con las que te interesa conectar. ¿A quién tienes en tu lista de contactos que no necesita estar ahí? ¿Algunos de tus familiares se han mudado y tienen un nuevo número de teléfono, pero aún tienes sus antiguos números? ¿Todavía tienes los números de antiguos agentes inmobiliarios o de un gran fontanero de hace cuatro mudanzas?

Añade a tus amigos actuales... aunque ahora te conectes fácilmente a través de una aplicación de redes sociales, ¿qué pasa en caso de emergencia? Es mejor tener varias formas de conectarse para mantener tus conexiones fuertes.

[ ] Organiza las aplicaciones - Deshazte del exceso de aplicaciones utilizando la opción prevista en tu sistema operativo. Los iPhones tienen una función que borra, o al menos oculta, las que no utilizas. Oculto los rechazos que no puedo borrar en la última página en las siguientes pantallas por tema.

Yo prefiero conservar mis aplicaciones más usadas en la primera página, y luego el resto se coloca en carpetas. El resto de las aplicaciones que tienes después de eliminar las que no usas se pueden consolidar en carpetas y darles un nombre de categoría para encontrarlas fácilmente más tarde. Por supuesto, en las últimas actualizaciones de Apple, es posible hacer una clasificación más eficiente de las aplicaciones, que se une a otras funciones de tu smartphone. Hasta que actualice mi tecnología, esto me ahorra el tiempo de pasar por un montón de páginas buscando la aplicación que quiero usar.

[ ] Eliminación de aplicaciones - Elimine toda la información posible dentro de la aplicación antes de eliminar la aplicación si lo hace de forma permanente. Me he encontrado con una o dos

aplicaciones que no se han mantenido al día y han dejado de funcionar más allá de las actualizaciones específicas en mis smartphones. Ten en cuenta las aplicaciones que no se actualizan, ya que es posible que pronto dejen de funcionar o sean un riesgo para la seguridad. Eliminar una aplicación para ahorrar temporalmente espacio de datos o porque quieres hacer limpieza no significa que tu cuenta con esa compañía de aplicaciones desaparezca. Puedes eliminar tu aplicación de Spotify, pero tu cuenta de Spotify no se elimina. Sigue estando con la compañía. Así que no te preocupes por eliminar la mayoría de las aplicaciones de tu smartphone. Recarga la aplicación cuando la necesites de nuevo y tengas espacio de datos, y la cuenta debería estar ahí.

Organiza tus aplicaciones según tus necesidades:

[ ] Los más accesibles en la parte delantera, seguidos de los que sólo se utilizan ocasionalmente.

[ ] Organizar las aplicaciones por categorías: todas mis aplicaciones de redes sociales están en una sola página.

[ ] Reúne tus aplicaciones empresariales: las aplicaciones de Adobe están en una sola página.

[Organízalas por carpetas y colócalas estratégicamente a lo largo de las páginas con las aplicaciones que necesitas usar en la primera página y las redes sociales en las páginas posteriores.

· · ·

[ ] Organiza tus aplicaciones por colores. Alternativamente, cámbialas todas a blanco y negro.

[ ] Simplifica tu pantalla de inicio: crea un fondo de pantalla de un solo color relajante, como todo blanco o todo gris, y mantén todas las aplicaciones fuera de la página de inicio.

[ ] Organización de fotos - Mi teléfono suele ser mi primer paso cuando se trata de editar y reordenar fotos. Me gusta colocar las fotos en álbumes más pequeños para crear un número de fotos más manejable para alcanzar mi objetivo de fotos editadas y organizadas. La pantalla de mi smartphone es demasiado pequeña para hacer las ediciones finales de las fotos cómodamente, pero al menos puedo organizarlas en álbumes por evento o fecha para que estén listas cuando llegue a casa a un ordenador con una pantalla más grande.

Consejo **PRO**: Ahorra espacio en tu teléfono: algunas aplicaciones permiten que tu teléfono haga una copia de seguridad automática en varias opciones de la nube.

Desde un iPhone, puedes hacer copias de seguridad automáticas en Google Photos de forma gratuita hasta 15 GB, abriendo así espacio en tu iCloud para otros activos digitales. Una vez hecho esto, puedes eliminar las fotos de tu teléfono. Ten en cuenta que el almacenamiento gratuito en la nube suele pasar a ser de pago más adelante.

Las cosas rara vez son gratuitas para siempre, como ha aprendido un amigo mío fotógrafo por las malas.

. . .

[ ] Actualiza tu fondo de pantalla - No olvides divertirte en lo que puedas. ¿Has tomado una foto que te gustaría tener como fondo de pantalla de tu smartphone? ¡Úsala y disfrútala!

[ ] Buzón de voz y mensajes antiguos - Actualiza tu mensaje de voz si lo necesitas y borra los mensajes antiguos. Con el tiempo, las fotos y los vídeos que te envían tus amigos y compañeros de trabajo acumulan bastante espacio de almacenamiento. Puedes ver tu almacenamiento de datos en la sección de utilidades o sistemas, y verás si necesitas hacer eliminaciones en esta área.

[ ] Aplicaciones de podcast - Me gusta escuchar podcasts, pero como he tenido tantas dificultades con las aplicaciones de podcast, voy a limitarme a transmitirlos a partir de ahora hasta que necesite descargar algunos episodios para cuando esté de viaje.

[ ] Cerrar las pestañas abiertas - Añade esto a tu configuración nocturna. ¿Realmente necesitas tantas pestañas abiertas?

Si no lo has comprobado en los últimos días, probablemente no lo necesites. Guarda el enlace y archívalo en una nota. Ahora cierra todas esas pestañas y empieza de nuevo por la mañana. Tu aplicación funcionará un poco más rápido por ello.

[ ] Su número de teléfono en Internet - Utilizar un número de teléfono en Internet que esté disponible a través de empresas como Google Voice o Skype es muy cómodo para quienes viven y trabajan en el extranjero y quieren mantener un contacto fácil y constante con sus familiares y empresas. La familia puede llamar al número localmente y puede comunicarse con usted dondequiera que tenga una conexión a Internet. Los clientes de tu empresa tendrán un único número en el que también podrán

localizarte. A menudo, un país diferente significa una red móvil distinta, así que es mejor cambiar la tarjeta SIM o te cobrarán unas tarifas de roaming muy altas. Puedes obtener un número de teléfono en línea a un coste razonable con servicios como el envío de correos electrónicos cuando alguien deja un mensaje de voz. Es especialmente cómodo para los miembros de mi familia que siguen prefiriendo comunicarse por teléfono sin incurrir en gastos internacionales en su factura telefónica. ¡De nada, mamá!

Esta es una gran lista para organizar tus dispositivos más pequeños. Tu smartphone es pequeño, pero es tu dispositivo más poderoso porque siempre está convenientemente contigo, sin embargo, inconvenientemente, conduce a tu mayor pérdida de tiempo. Ahora tienes mejores ideas para ayudar a convertirlo en un dispositivo más fuerte que te ayude a crecer, te ayude a relajarte y te ayude a estar conectado con aquellos que son los más importantes en tu vida.

21

Web

TODAVÍA NO HE CONOCIDO a nadie que esté contento con su sitio web. Es una criatura orgánica que crece y se transforma como una ameba en las formas que le pides, y desearías que fuera un mejor reflejo de ti mismo o de tu negocio. A medida que usted cambia y crece, también debería hacerlo su sitio web.

Yo lo convierto en una acción semanal con los "Miércoles del Sitio Web". Si realizas una tarea por semana, son más de 50 elementos al año. ¡Es hora de empezar a desalojar tu sitio web!

[ ] Dominio: ¡preste atención a su nombre de dominio! Si toda la marca de su negocio se centra en su nombre de dominio, asegúrese de que todo está en orden.

¿Está la información de su tarjeta de crédito actualizada en el sitio web de la compañía de dominios? ¿Está contento con su empresa de dominios? A menudo se contrata un plan de tres o cinco años y luego se olvida de él. Si su tarjeta de crédito no está al día, podría perder el nombre cuando tenga que renovar su dominio. Ha trabajado demasiado para perderlo. Marque en su calendario un mes antes de la renovación para solucionar cualquier fallo en el proceso antes de que llegue la fecha de renovación.

[ ] ¡Haga una copia de seguridad de su sitio web! Sí, todo.

Haga una copia de seguridad. Haga una copia de seguridad de su sitio web con regularidad, por si acaso.

¿Cómo se sentiría si perdiera accidentalmente y de forma irreparable su sitio web? Sí, ¡haz una copia de seguridad!

Un sitio como WordPress tiene varias opciones de plug-in para hacer este proceso lo más fácil posible.

Descargue uno de sus plug-ins de copia de seguridad preferidos y complete el proceso. Esperaremos.

Es así de importante.

[ ] Actualice el software de su sitio web - Es hora de comprobar si el software de su sitio web está actualizado.

¿Está utilizando su sitio web al máximo? ¿Es el nivel gratuito todo lo que necesita? ¿Necesita un nivel mayor de software y servicio? ¿Ya no necesita los servicios premium y puede reducir los costes eligiendo un plan diferente? Esté atento a las rebajas en los distintos planes de sitios web en el correo electrónico que le envían las empresas. Puede encontrar grandes ahorros.

. . .

[ ] Seguridad - Los sitios de pago con todos los servicios, como la opción para empresas de WordPress, o incluso los sitios de blogs gratuitos pero limitados, suelen tener su propia seguridad, por lo que no hay mucho que se pueda hacer para mejorarla desde el punto de vista del usuario, excepto tener una contraseña fuerte. Has hecho una copia de seguridad de tu sitio web, ¿verdad?

[ ] Contraseñas de inicio de sesión sólidas: elija contraseñas sólidas que pueda recordar.

[ ] Limitar el inicio de sesión - Limite el número de veces que alguien puede intentar iniciar sesión en su sitio web utilizando un plug-in para limitar el inicio de sesión y manténgalo actualizado.

[ ] SSL (Secure Socket Layer) - Su sitio web será clasificado más bajo en las búsquedas si su SSL no está actualizado. Esto está disponible a través de su dominio o de un sitio de servicio completo como SquareSpace.

[ ] Plug-ins - ¿Están todos actualizados? Asegúrese de tener la última versión disponible. Compruebe periódicamente cuándo se actualizó por última vez el propio programa. Si han pasado más de seis meses, compruebe otros plug-ins más nuevos que hagan lo mismo. Puede ser que el desarrollador haya abandonado ese programa y que ahora sea vulnerable a fallos de seguridad.

[ ] Errores 404 - Compruebe si hay enlaces rotos en su sitio web. Cada vez que creo una entrada en el blog, hay varios enlaces que

añado para que mis lectores encuentren información adicional. A veces son materiales de origen, a veces son productos, a veces es la ubicación de un evento que recomiendo, y si ese enlace está roto, he enviado a mis lectores a un callejón sin salida. Se quedan mirando un error 404.

No me gusta que me ocurra, así que me esfuerzo por detectar estos errores lo antes posible.

WordPress dispone de un magnífico plug-in que comprueba si hay enlaces defectuosos en tu sitio y en tu blog. Si has hecho referencia a una empresa, a un artista o a un artículo de una revista que ha sido eliminado o cambiado, este complemento te dará una lista detallada de todos los enlaces que ya no funcionan. Esto puede ser un salvavidas si tienes años de publicaciones en el blog que, de otro modo, tendrías que comprobar a mano.

[ ] Curar las entradas de tu blog - Yo suelo curar las entradas de mi blog junto con la ejecución de un plugin para comprobar si hay enlaces rotos. Este es un buen momento para actualizar o eliminar las publicaciones antiguas que puedan haber perdido relevancia. A veces la entrada del blog fue en apoyo de un evento de una sola vez que ya no añade al mensaje completo o el tema de su blog.

Dependiendo del tema y la frecuencia de sus blogs y sitios web, es posible que tenga que hacer esto tan a menudo como una vez al mes. Por lo general, yo lo hago cada seis meses. Si te quedas sin espacio, asegúrate de que sigues queriendo cada una de las entradas de tu blog.

[ ] Responda a los comentarios de los clientes - La conexión con su base de clientes es vital, por lo que debe estar al tanto de los mensajes entrantes y responder adecuadamente lo antes posi-

ble. Elimine los mensajes de spam que se hayan filtrado a través del filtro.

[ ] Actualice su tema - Esto es necesario tanto por razones de seguridad como para mantener su sitio con un aspecto fresco. ¿Está contento con el tema de su sitio web? ¿Está contento con el color? ¿Qué le gustaría actualizar con el aspecto de su sitio web?

Diviértete con esto tanto como puedas, pero definitivamente haz una copia de seguridad de todo tu blog primero en caso de que no funcione como estaba previsto. Luego puedes hacer un rápido reinicio y volver a poner en línea la versión anterior con una mínima interrupción para ti y tus clientes.

Haga saber a sus clientes que ha actualizado su tema. Es una buena forma de iniciar una conversación, y es bueno advertir a sus clientes que son más conscientes de la seguridad.

Hacer las actualizaciones cuando están disponibles suele abrir nuevas y divertidas características para implementar en su sitio web. Lea exactamente lo que se actualiza y haga los cambios en su sitio web en consecuencia.

[ ] Perfil y su logotipo - ¿Están bien hechas sus fotografías de identificación y su logotipo? ¿Qué pasa con las fotos que utiliza para su foto de cabecera, su foto de perfil o su logotipo? Unas buenas fotografías marcan una gran diferencia en su presentación profesional.

· · ·

[ ] Boletín de noticias - Los servicios de boletín de noticias los proporcionan empresas como Constant Comment o Mailchimp. Asegúrese de que están correctamente conectados con su sitio web de la forma que considere mejor para sus clientes. ¿Cómo quiere que se vea su ventana emergente, cuándo debe ver su cliente su ventana emergente, o prefiere la opción de registro incrustada? ¡Pruébalo! Me encantan los boletines digitales que puedes elaborar para informar a tus clientes de lo que has hecho y hacia dónde vas. Hay una curva de aprendizaje muy pronunciada para conseguir hacer los ajustes y que tu mensaje sea coherente, pero merece la pena.

[ ] Fuente RSS (Real Simple Syndication) - Asegúrese de que su sitio web está configurado para RSS para que sus clientes y fans puedan leer sus últimas publicaciones cómodamente en una aplicación de lectura como Feedly. Ofrezca a sus lectores y clientes todas las oportunidades de conectar con su marca.

[ ] Configuración de la tienda - Si vende en Internet, compruebe la configuración de su tienda. ¿Está actualizada la página de su tienda? Tus clientes tienen que hacer muchos clics para completar la compra de tus productos. Comprueba que cada uno de los pasos del camino funciona como debería. ¿Hay alguna aplicación de apoyo a tu tienda, como Etsy seller o WooCommerce, que deba descargarse? Hazlo y comprueba la configuración para asegurarte de que puedes responder rápidamente a las preguntas e inquietudes de tus clientes.

[ ] Elimine los anuncios antiguos y actualice las ventas - Programe una alarma para recordar cuándo termina su venta en el sitio web. No parece muy profesional en un sitio web cuando dice que

la venta termina en una fecha que fue hace tres semanas o incluso tres meses. Lo mismo ocurre con los anuncios de eventos.

[ ] Analytics - Configúrelo y compruébelo. ¿Necesitas actualizar tu sitio web cuando se publican los posts de tu blog?

¿Debes cambiar la optimización de los motores de búsqueda (SEO) en los posts para conseguir más tracción?

[ ] SEO y palabras clave - Configúrelas, escríbalas y compruebe sus análisis para ayudar a mejorar su alcance.

Mantenga esta lista cerca para su lista de tareas del "miércoles del sitio web" para mejorar su sitio web. ¡Completando una tarea cada semana se completan más de 50 tareas de mantenimiento y mejora del sitio web en un año!

22

Medios de comunicación social

ENTRE UNA O DOS MUDANZAS, perdí la contraseña de una de mis cuentas de mensajería favoritas. No perdí mucho en cuanto a activos digitales, pero sí una forma de conectar con amigos de toda la vida. Trasladarme de Japón a Estados Unidos significaba que necesitaba un nuevo teléfono inteligente, ya que Japón tiene un sistema de telefonía móvil bloqueado.

Por lo tanto, era imposible recuperar la cuenta porque no tenía forma de recibir un código de autenticación de dos factores a través del smartphone japonés. En su lugar, me limité a crear una nueva cuenta y, por suerte, pude volver a conectar con mis antiguos amigos tras enviarles un correo electrónico para informarles de lo sucedido.

Dos años después, cuando volví a vivir en Japón, reactivé el viejo smartphone. Mi antigua cuenta de LINE estaba allí, funcionando como si nunca hubiera estado fuera, dándome la bienvenida a mi antiguo desorden y confundiendo a mis amigos ya que ahora no estaban seguros de qué cuenta usar.

. . .

Así de fácil, tenía un nuevo desorden con el que tenía que lidiar. Tenía que decidir qué cuenta mantener, lo que me hizo echar un segundo vistazo a todas mis cuentas de redes sociales y preguntarme: "¿Cuál es el propósito de estas cuentas?".

La forma más fácil de empezar es distinguir entre las cuentas personales y las empresariales y tomar la decisión a partir de ahí.

[ ] Revisa tu lista de vida digital - Actualízala con tus cuentas actuales. En este capítulo curarás y eliminarás tus cuentas.

[ ] Perfiles de cuentas - Revisa cada uno de los perfiles y la información de las cuentas para ver si es la mejor manera de presentarte a ti mismo o a tu empresa de cara al futuro. ¿Son adecuados para su marca?

¿Tienen las fotos de perfil adecuadas, la propaganda correcta y la información de contacto correcta para su sitio web?

A medida que vayas recopilando tu vida digital, empezarás a ver varias cuentas que habías olvidado, otras que visitas con menos frecuencia pero con las que todavía te gusta conectar, y otras que visitas más de lo que probablemente deberías. Yo ya no utilizo mi cuenta de Tumblr, pero la mantengo actualizada como una valla publicitaria en la autopista digital hacia mis esfuerzos más actuales.

Has crecido como persona desde que iniciaste varias de esas cuentas. Probablemente ya no te gusta la imagen del perfil, o tal vez tu ubicación ha cambiado y ya no publicas desde la universidad sino que estás en tu tercera promoción de gestión, aunque tu perfil diga lo contrario. O tal vez has actualizado tu avatar y deberías tener una nueva imagen que refleje tu crecimiento personal.

¿Necesita imágenes profesionales nuevas para sus cuentas comerciales? ¿O tienes algunas buenas imágenes en tus archivos?

Algunas cuentas te permitirán actualizar tu nombre de usuario: ¿has superado el que usabas cuando pensabas que serías campeón del mundo de snowboard, especialmente desde que elegiste la profesión de ingeniero mecánico?

¿Quiere que su perfil muestre sus logros como triatleta o refleje las ilustraciones de sus libros premiados?

¿Necesitas actualizar tu ubicación? Algunas cuentas como Meetup te ayudarán a conectar con otros grupos de nicho, como el club local de ajedrecistas con perros.

[ ] Demasiada información - ¿Has proporcionado demasiada información, sin darte cuenta de que Internet no era tan privado como pensabas? Comprueba cada una de tus cuentas de redes sociales en tu lista de vida digital y toma decisiones más informadas sobre cómo quieres presentar tu vida digital en relación con tu vida en el mundo real.

Consejo PRO: Recomiendo mantener separadas las cuentas de redes sociales personales y profesionales.

. . .

Mantener una cuenta separada en las redes sociales para tu negocio te permite mantener todas las comunicaciones muy en marca a largo plazo. Tu vida personal sufrirá muchos cambios y altibajos a lo largo de los años, lo cual es normal, y tu familia y amigos te apoyarán en las buenas y en las malas. Los clientes profesionales tienen sus propios altibajos y quieren tener la seguridad de que, a pesar de todo, pueden contar con la solidez de tu trabajo. No ocultes tus días de vacaciones y de enfermedad; hazlo de forma profesional y acorde con tu marca.

La sinceridad es importante.

¿Cómo quiere avanzar con sus distintas cuentas en las redes sociales?

[ ] ¿Editar?

[ ] ¿Suprimir?

[ ] ¿Ser un usuario más centrado y activo?

Usuario personal:
    [ ] Biografía o "Acerca de mí" - No hay nada como los libros o la música favoritos para conocer la personalidad de alguien. Añada varios de sus favoritos y establezca conexiones con otras personas a las que les guste lo mismo.

. . .

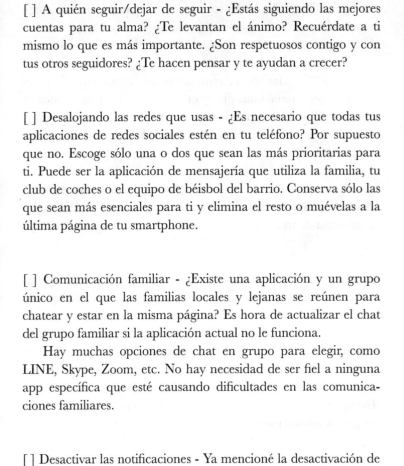

[ ] A quién seguir/dejar de seguir - ¿Estás siguiendo las mejores cuentas para tu alma? ¿Te levantan el ánimo? Recuérdate a ti mismo lo que es más importante. ¿Son respetuosos contigo y con tus otros seguidores? ¿Te hacen pensar y te ayudan a crecer?

[ ] Desalojando las redes que usas - ¿Es necesario que todas tus aplicaciones de redes sociales estén en tu teléfono? Por supuesto que no. Escoge sólo una o dos que sean las más prioritarias para ti. Puede ser la aplicación de mensajería que utiliza la familia, tu club de coches o el equipo de béisbol del barrio. Conserva sólo las que sean más esenciales para ti y elimina el resto o muévelas a la última página de tu smartphone.

[ ] Comunicación familiar - ¿Existe una aplicación y un grupo único en el que las familias locales y lejanas se reúnen para chatear y estar en la misma página? Es hora de actualizar el chat del grupo familiar si la aplicación actual no le funciona.

Hay muchas opciones de chat en grupo para elegir, como LINE, Skype, Zoom, etc. No hay necesidad de ser fiel a ninguna app específica que esté causando dificultades en las comunicaciones familiares.

[ ] Desactivar las notificaciones - Ya mencioné la desactivación de las notificaciones en el capítulo anterior sobre los teléfonos inteligentes y sigue siendo aplicable a tus otros dispositivos con respecto a tus cuentas de redes sociales. ¿Estás seguro de que necesitas recibir notificaciones ruidosas y que te distraigan de tus aplicaciones de redes sociales? Tener una vida equilibrada en las redes sociales puede ser muy difícil. Los algoritmos se basan en trucos de juego para mantenerte enganchado, pero necesitas ser social para conectar con los clientes y mantener a esos mismos clientes contentos. A mí me ayuda desactivar todas las notificaciones de

mis aplicaciones de redes sociales para que no me arrastren cuando tengo otras citas en mi agenda.

Consejo PRO: Mantén siempre actualizadas tus redes sociales profesionales, como LinkedIn y otros sitios del sector. Nunca se sabe cuándo surgirá la próxima oportunidad o cuándo la empresa para la que trabajas se reestructurará de repente.

Mantenerte conectado con otras personas puede ayudarte a ver otras oportunidades para ti y a hacer una transición suave a un nuevo lugar de trabajo.

[ ] Publicación de entradas en el blog - Cada vez que crea una nueva entrada en el blog, ¿está configurada para enviarla también a sus redes sociales preferidas cuando la publica? Si es así, ¿se dirige a las mejores cuentas de redes sociales posibles, con un formato ventajoso? Vuelve a comprobar todas estas conexiones y cómo aparecen. Siempre se están haciendo actualizaciones, y si no estás consiguiendo lo que te gusta, como que la foto se muestre en Twitter como te gustaría o no, entonces tienes que hacer tus propias actualizaciones.

[ ] Actualice cuando salgan nuevas redes sociales - ¿Está utilizando las nuevas redes sociales? Haga los cambios con sus publicaciones en el blog. Lo mismo para tus publicaciones de productos profesionales. ¿Están conectadas para que todo el mundo sepa cuándo están tus últimos diseños con tus clientes satisfechos?

· · ·

[ ] ¿Está listo para pasar de las redes sociales personales a las empresariales? ¿Está creando todas las cuentas nuevas? ¿Necesitas crear una cuenta de empresa además de la personal que ya tienes?

[ ] Cuentas de negocios - Etsy, Shopify y Not On The High Street son vías importantes para muchos negocios y a veces son el único sitio web de un negocio. Trátelas con la misma profesionalidad que si fuera su propio sitio web.

Es a través de estos sitios web que puedes seguir conectando con tus clientes con tus cuentas de redes sociales.

[ ] Enlace a su tienda - Asegúrese de que sus redes sociales están configuradas para dirigir a sus clientes a sus tiendas para que puedan hacer compras fácilmente.

Todas estas aplicaciones trabajan en conjunto para ayudar a construir negocios exitosos. Manténgalas abiertas y recuerde que se llaman redes sociales por una razón. Sé social =)

[ ] Sitio web - Configure sus flujos de redes sociales para que se muestren en su sitio web. ¿Están todas tus cuentas de redes sociales profesionales conectadas con tu sitio web para que tus clientes puedan llegar a ti a través de su canal preferido? Es importante que los clientes actuales y potenciales puedan conectarse y seguirte fácilmente.

[ ] Conecta con tu boletín de noticias - Informar a tus clientes, tanto actuales como potenciales, sobre tu boletín de noticias a través de tus cuentas en las redes sociales es una buena idea. Si quiere que se inscriban en su boletín, asegúrese de incluir el

enlace para ir directamente a la inscripción en el boletín. No los envíe a la página de inicio de su sitio web y espere que lo busquen en su sitio.

Los clientes potenciales desistirán si es demasiado trabajo y les lleva demasiado tiempo.

Lo mejor de la conexión con los medios sociales es que no tienes que hacer nada de eso si no quieres. Todavía hay vías convencionales para el éxito. Puedes comunicarte con algunos de tus clientes a través de boca en boca, de un boletín de noticias por correo electrónico o de eventos en persona, y puedes dar a tus seguidores muchas oportunidades para que corran la voz sobre ti y tu trabajo. Las conexiones con tus amigos y clientes dependen de ti. Toma el mando de tu vida digital pidiendo a los demás que apoyen tu trabajo.

[ ] Publicación de redes sociales - ¿Tienes Hootsuite o Later para la publicación programada?

Cada uno de ellos es para ti como consumidor de medios sociales y también como creador de contenido de medios sociales, como Pinterest, etc. ¿Tienes todo configurado para que puedas publicar fácilmente para tu negocio?

Echa un vistazo a estas opciones. Si las utilizas, muchas de las presiones de las redes sociales desaparecerán. La planificación de varios eventos comerciales es realmente importante, y tener otro poco de apoyo ha sido genial. Hay que dar a conocer a los clientes lo que se puede ofrecer, y se sabe que les gusta ver algunos de los procesos mientras se está creando. Hay pequeñas aplicaciones geniales que incluso un vídeo rápido de diez segundos puede marcar una gran diferencia, como Spark Post y Adobe Rush.

[ ] Publicidad - Revisa tus anuncios, las analíticas y el dinero de la publicidad en IG, Twitter o FB.

[ ] Dinero - Tienes una plétora de aplicaciones de redes sociales en las que apoyar a otros y ganar de otros para sacar adelante tus vidas, como Patreon, Kickstarter, GoFundMe y Twitch. ¿Están las tuyas configuradas como quieres? ¿Necesitas actualizar información como tus cuentas bancarias?

¿Has pensado en abrir una cuenta? Analiza hoy los pros y los contras de ello. Empieza un cuaderno en tu aplicación favorita para tomar notas y recopila las tareas que necesitas hacer para abrir tu propio Patreon o canal de Twitch.

Consejo PRO: Plazas de aparcamiento en las redes sociales - Como empresa, es difícil mantenerse al día con todas las diferentes vías, autopistas y la naturaleza voluble de Internet. Cuando sale una nueva aplicación, no sabemos si hay que subirse a otro carro o seguir con nuestras aplicaciones de siempre.

Como negocio, un nombre de marca es extremadamente importante, así que he tomado el camino de "saltar y coger mi plaza de aparcamiento", por así decirlo. He creado una cuenta con el nombre de mi empresa, asegurándome esencialmente de que puedo usar ese nombre y de que nadie más puede usar casualmente mi nombre de forma divergente a mi marca. Considero estas cuentas como vallas publicitarias en la autopista de la información. Proporciono información sobre dónde se me puede encontrar, o una imagen o logotipo para que alguien me encuentre en otra plataforma. A veces vuelvo y encuentro una forma estupenda de utilizar esa plataforma, y otras veces, simplemente actualizo periódicamente la "valla publicitaria".

[ ] Unfollow - Estás siguiendo muchas cuentas y eso está saturando tu feed. Deja de seguir a aquellas cuyo contenido no te aporte nada positivo. Ya sea entretenido o informativo, asegúrate de que es interesante para ti.

[ ] Twitter - ¿Siguen publicando las personas a las que sigues? ¿Te sigue interesando el tema en el que publican? ¿Y cómo has acabado siguiendo una cuenta de "Gana una mansión" que publicó por última vez en 2009? ¡Eso es un borrado seguro! Es irrelevante que te sigan o no. Si te está obstruyendo el feed y, como resultado, te está quitando tiempo, ¡descárgate! Comprueba tus tuits marcados; ¿todavía los necesitas? ¿Te has olvidado de alguno de los buenos tweets informativos?

[ ] Instagram - Me encanta el pequeño "Guardar más tarde" en Instagram un poco demasiado, así que cuando de repente tengo más de 500 publicaciones guardadas, eso es una enorme pila de artículos, la mayoría de los cuales ya no necesito. No sería capaz de encontrar algo que guardé aunque quisiera. Es hora de "Desguardar" y empezar de nuevo.

[ ] YouTube - Comprueba tu lista de "Ver más tarde" en YouTube. ¿Cuánto dura? ¿Cuántas horas de vídeo tienes ahí?

¿Y cuántos años tendrás cuando por fin lo veas todo si no añades más vídeos a la lista? Algunos de esos vídeos ya no existirán cuando los veas.

. . .

[ ] Pinterest - Revisa tus tableros de Pinterest y elimina el contenido que sea antiguo o que desvirtúe tu marca. Elimina los tableros que ya no se utilizan. Toma tus decisiones respecto a la confidencialidad de tus tableros. Algunos están ahí para quedarse, y otros están listos para ser mostrados.

Consejo PRO: Cordura y seguridad: muchas cuentas permiten ahora eliminar a alguien de su lista de seguidores sin tener que informarles. Otras opciones incluyen la posibilidad de separarse de esa persona o cuenta digitalmente.

[ ] Silencio

[ ] Bloque

[ ] Ocultar

[ ] Deshacerte de la amistad

[ ] Dejar de seguir

Controla tus cuentas de redes sociales, ya sean personales o de empresa. Ten un propósito con cada cuenta y conserva su contenido de acuerdo con ese propósito. Sea social en sus cuentas sociales y recuerde sus opciones cuando ciertos seguidores ya no son respetuosos.

. . .

[ ] Check-in: Sigue marcando tu progreso - Es hora de comprobar cómo vas hasta ahora con la eliminación de tu enorme pila de correos electrónicos. ¿Mantienes un registro de tu progreso en tu lista de vida digital? ¿Estás marcando tus rachas en tu rastreador de hábitos? ¿Cuál es tu racha más larga hasta ahora? ¿Necesitas ajustar tu objetivo de seguimiento de hábitos a una cantidad más razonable? Considera también si deberías hacer pausas al menos un día a la semana para descansar lejos de una pantalla. Asegúrate de celebrar los hitos en el camino hacia tus objetivos más importantes.

23

Mantenimiento periódico del desalojo

CONSEJO PRO: Anote estos controles de mantenimiento en su calendario de inmediato, antes de que su agenda se vea desbordada.

Sabrás programar otras citas en torno a tu mantenimiento periódico de desalojo. Sé paciente contigo mismo; con el tiempo, tu mantenimiento periódico será cada vez menos pesado, ya que las prácticas generales en torno a tus activos digitales serán cada vez más organizadas. Tus hábitos diarios y tu organización serán mucho más fluidos y automáticos.

[ ] Objetivos a largo y a corto plazo - ¿Qué objetivos a largo y a corto plazo se fijó, tal y como se recomienda en el capítulo 4?

¿Marcó cuál era su objetivo a largo plazo, mensual o anual desde el inicio de su proceso de reordenación? ¿Ha establecido objetivos razonables y los ha ido cumpliendo a lo largo del proceso? ¿Ha hecho ajustes a lo largo del camino para adaptarse a los diversos trastornos de la vida, pero sigue progresando? Completa las pequeñas acciones diarias y semanales y el objetivo a largo plazo se habrá cumplido. Ten en cuenta tu objetivo final cuando marques tu progreso en tus estadísticas. Consulta los ejemplos del Apéndice I and II.

[ ] Recorre todo el desorden en oleadas. Raspe las capas y los años de acumulación de datos. ¿No estás seguro de si debes guardar o eliminar una foto? No pasa nada. Ya tomarás una decisión firme en la siguiente oleada.

[ ] Compañeros de responsabilidad - Trae a tus amigos para el desafío y los controles para mantenerte enfocado en tu búsqueda de orden.

Mantenimiento diario

Lanzamiento AM:

[ ] Comprobar los nuevos correos electrónicos y mensajes:
    Responde a las que son vitales, como las emergencias familiares. Borra las que son basura.

Conteste el resto durante su horario habitual de correo electrónico.

[ ] Haga clic en Configuración de la noche del circuito:

[ ] Borrar el resto de los correos electrónicos del día

. . .

[ ] Haga una copia de seguridad de su trabajo

[ ] Borrar el escritorio

Semanal:

[ ] Carpeta de descargas vacía

[ ] Vaciar la basura

[ ] Cerrar o marcar las pestañas del navegador
    [ ] Comprobar las actualizaciones del sitio web

Mensualmente:

[ ] Responsabilidad - Comprueba con tus amigos, el grupo de responsabilidad y el grupo de administración.

Como mínimo, estos controles se realizan mensualmente.

Las revisiones semanales pueden ser incluso mejores, y dependiendo de los horarios y las amistades, pueden ser incluso diarias. No dudes en hacer revisiones mensuales incluso después de haber completado el desalojo digital inicial. Será un importante parche para evitar que tu vida digital vuelva a estar fuera de control.

[ ] Comprobación del progreso - ¿No ha terminado?

Agradece tu progreso hasta este punto, ya que todo ayuda.

[ ] Haga una copia de seguridad de su sitio web

[ ] Instalar actualizaciones, incluyendo:

[ ] Plug-ins

[ ] Extensiones

[ ] Cancelar la suscripción a los boletines

[ ] Marca tu progreso - Puedes hacerlo visualmente con cosas como bolas de chicle o canicas en un tarro.

También puedes hacer un seguimiento en un gráfico de líneas después de introducir los números en una hoja de cálculo.

Echa un vistazo a tu situación actual de desorden y fíjate en los progresos que has hecho hasta ahora. Has abordado una gran parte del panorama cada mes. Se necesita mucho trabajo duro y persistente para frenar al monstruo del desorden, pero puedes hacerlo.

Tienes una buena idea de lo que hay que hacer a continuación para llevar a cabo este gran proyecto. Cuando te quedes atascado en la maleza, vuelve a leer el capítulo 11, donde te doy consejos y ánimos sobre los proyectos a largo plazo. Al cabo de un mes o de un año, mirarás atrás y verás que, al dar el siguiente paso, avanzar en las tareas y seguir reordenando, tu vida digital se habrá quitado un gran peso de encima.

Comprobación trimestral o a los 90 días:

[ ] Comprueba tus notificaciones - Ajústalas si es necesario

[ ] Curar las redes sociales: dejar de seguirlas o eliminarlas

[ ] Revise los marcadores y favoritos de su navegador

El chequeo de 90 días se ajusta al flujo trimestral de negocios que ya está en marcha.

También se considera un tiempo lo suficientemente largo como para mostrar el progreso en un proyecto a largo plazo, pero lo suficientemente corto como para que puedas respirar, mantener tu nivel de energía y hacer pequeñas actualizaciones. Esto no anula la necesidad de realizar los controles mensuales o los controles administrativos semanales, ni de publicar las estadísticas al menos dos veces por semana. Cada control es el cumplimiento de la promesa que os hacéis a vosotros mismos. Cada control es un recordatorio de que hay que mantener la vista en el objetivo brillante y luminoso. No os distraigáis con detalles y acciones que no son importantes para alcanzar vuestro objetivo.

Cuando termine cada trimestre, es una buena idea ver exactamente cuánto trabajo has logrado reordenando.

Escribe los números actualizados de tu hoja de cálculo, publica tus tics de seguimiento de hábitos y celebra tus progresos. Date cuenta de que estás ralentizando las aguas hasta convertirlas en un goteo, o quizás hayas podido hacer una gran mella y revertir completamente el flujo en el primer trimestre. Un control trimestral nos devuelve a nuestro gran objetivo de una vida digital limpia y despejada.

Programar con regularidad las comprobaciones de los progresos realizados le reportará beneficios para el mantenimiento del orden a largo plazo. Comprobar tu progreso y ver cómo se mueven tus estadísticas será un gran alivio. Los pequeños recordatorios regulares y el tiempo ya bloqueado para la tarea en el futuro te ayudarán a mantener el progreso que tanto te ha costado conseguir.

¡Felicidades, Has Tomado El Mando De Tu Vida Digital!

EMPEZASTE este viaje con una enorme pila de desorden digital. Ya has reubicado a las conejitas digitales extraviadas y has barrido las telarañas electrónicas.

Te has propuesto completar tu tarea de desalojo, ¡y tu objetivo final se ha cumplido!

Es probable que se sienta aliviado, más relajado y con más poder, ya que ahora es dueño de su trabajo en lugar de que sus activos digitales le abrumen. A lo largo de las últimas semanas, meses o incluso años, has reducido lenta y progresivamente tu desorden digital, has creado buenos hábitos de organización y has descubierto que el simple hecho de encender el ordenador es una experiencia mucho más relajante.

En lugar de que el botón de encendido sea un botón de "encendido" para el estrés, la fatiga ocular, los dolores de cabeza y la sensación de temor abrumador, habrás reducido tu vida digital a la mínima expresión, porque ahora tienes el control.

. . .

Estás listo para empezar tranquilamente cada día con una nota positiva cuando pulsas el botón de encendido, porque ahora tienes el poder. Esta vida digital recién organizada y ordenada es un alivio. Puedes encontrar fácilmente todos los archivos que necesitas.

Has tomado buenas decisiones sobre dónde gastar tu dinero en servicios digitales. Ha dimensionado correctamente su almacenamiento de datos. ¿Cuánto dinero está ahorrando ahora al haber dimensionado correctamente su vida digital? Al organizar tus archivos, has podido ver dónde tenías espacio de almacenamiento extra y dónde necesitabas más. Al ajustar el almacenamiento de datos y las asignaciones de activos, ahora está organizado de tal manera que maximiza su tiempo y dinero.

Estás preparado para las emergencias. Ya sea un tifón, un incendio, una inundación o la pérdida de tu aparato, estás preparado para cuando ocurra una emergencia.

Estás preparado para salir cuando llegue el tifón, o los incendios, o las inundaciones se abran paso hasta tu casa.

Eres más flexible y estarás listo para pivotar cuando tu vida tome una curva cerrada en el camino, como la necesidad de cambiar rápidamente de ubicación por un trabajo o por necesidades familiares. Estarás preparado cuando ese repentino traslado de trabajo incluya el traslado de la información escolar de los niños y la mudanza de todas tus posesiones.

· · ·

Está preparado para disfrutar de una experiencia de desintoxicación digital exitosa; recuerde que tomarse un descanso es una pausa, no una simple escapada al estilo del avestruz.

Has tomado el mando de tu vida digital. Estás preparado cuando el jefe exige ver ese borrador de la propuesta inmediatamente. Sabes exactamente qué archivos contienen las piezas de la propuesta, ya que tu equipo ha entendido el sistema de organización. Eres capaz de compilar los últimos borradores en un único archivo y reenviarlo al jefe o simplemente dirigirlo al archivo correcto.

Para los que ya llevamos una vida minimalista, es estupendo hacer lo mismo con nuestra vida digital: mantenerla al mínimo y racionalizar su eficiencia para poder guardar los datos sólo para lo más esencial.

Revise periódicamente sus archivos digitales en oleadas. A menudo, su desorden digital se verá con ojos y circunstancias más frescos en la segunda o tercera oleada de orden.

Es probable que en la primera o segunda ocasión aún haya archivos que no estés seguro de conservar o eliminar.

Descubrirás que puedes desprenderte de ellos en la siguiente oleada, o en la siguiente, o se creará una nueva tecnología para que puedas desprenderte de ellos.

Recuerda que no se trata de un proyecto de una vez por todas.

. . .

Se seguirán acumulando más activos digitales, otros quedarán obsoletos y las opciones de almacenamiento cambiarán.

Programar intervalos regulares para desalojar sus activos digitales mantendrá unido todo este duro trabajo que acaba de realizar. Por eso es necesario programar un mantenimiento regular.

El mantenimiento de tus archivos digitales seguirá siendo más fácil a medida que reconozcas rápidamente tus opciones con cada activo digital que recibas. Después de revisar todos tus activos digitales, te habrás encontrado con bastantes que aún no estabas seguro de eliminar. Con todo lo que has aprendido, te darás cuenta inmediatamente de cuándo hay un problema y tendrás una buena idea de lo que tienes que hacer para despojarlo. ¡Enhorabuena! Eres un minimalista digital.